Herrn Pastor Jakobs
ein Willkommensgruß!

Oberwesel, 31.01.1996
Familie [illegible] [illegible]

Heimat Oberwesel

Ein Stadtführer

Ein Stadtführer mit Zeichnungen von Edmund Lahnert

Heimat Oberwesel

Zwischen Liebfrauen und St. Martin

(Auf den Spuren des mittelalterlichen Oberwesel)

Herausgegeben
anläßlich des 71. Geburtstages von Edmund Lahnert

Aus der Schriftenreihe der Loreley-Galerie
Band 8

Zeichnungen:	Dipl.-Ing. (FH) Edmund Lahnert, Bauamtsrat a. D., Chablis-Straße 36, 6532 Oberwesel
Buchumschlagvorderseite:	Aquarellierte Tuschezeichnung von Oberwesel mit Schönburg, Liebfrauenkirche und Haagsturm, nach einer Fotografie um 1900
Buchumschlagrückseite:	Aquarellierte Tuschezeichnung der Schönburg bei Oberwesel von 1986
Herausgeber:	Heimat Oberwesel, Arbeitsgemeinschaft für Landschafts- und Umweltschutz und für Denkmalpflege e. V. in der Stadt Oberwesel
Autorenteam:	Dr. Ludger Fischer, Kunsthistoriker, Oberwesel Josef Heinzelmann, Oberwesel-Langscheid Dipl.-Ing. (FH) Edmund Lahnert, Bauamtsrat a. D., Oberwesel Dieter Metzger, M. A., Oberwesel Wilhelm Hermann, Oberwesel
Verlag:	Loreley-Galerie, Wilhelm Hermann, Liebfrauenstraße 41, 6532 Oberwesel/Rhein
Satz, Repro und Druck:	Wilhelm Hermann, 6532 Oberwesel

24. Oktober 1992

ISBN-Nr. 3–926 888-08-3

Vorwort

Oberwesel, unsere so liebenswerte Stadt der Türme und des Weines, ist reich an Zeugnissen der Vergangenheit und reizt den Besucher zum Erkunden alter Bauwerke und anderer historischer Stätten. Hierbei trifft der interessierte Betrachter nicht nur auf die bereits weit über die Grenzen unserer Stadt hinaus bekannten und vielbeachteten Sehenswürdigkeiten, wie beispielsweise die Liebfrauenkirche mit ihren einzigartigen Kunstschätzen oder die noch erhaltene mittelalterliche Stadtbefestigung mit heute 18 Türmen, sondern es bieten sich ihm auch – sofern er ein Auge dafür hat – idyllische, meist verborgene Anblicke von interessanten Relikten aus vergangenen Tagen.

Der vorliegende Stadtführer, herausgegeben von der Arbeitsgemeinschaft für Landschafts- und Umweltschutz und für Denkmalpflege e. V. in der Stadt Oberwesel, will all denjenigen ein Begleiter sein, die „auf den Spuren des mittelalterlichen Oberwesel wandeln" und unsere alte Stadt mit ihren historischen Gegebenheiten kennenlernen möchten. Angeregt durch die anschaulichen und atmosphärischen Zeichnungen von Edmund Lahnert, lohnt es sich, die Motive der Bilder im Original zu erleben. In einigen Fällen konservieren die Zeichnungen auch Zustände, wie sie heute so leider nicht mehr anzutreffen sind.

Folgt man den Seiten dieses Stadtführers, so nimmt der Rundgang durch Oberwesel seinen Ausgang an der Liebfrauenkirche und führt entlang der rheinseitigen Stadtmauer bis zum Ochsenturm. Von dort geht es bergan zum Niederburger-Tor-Turm (an der Straße nach Niederburg), bei dem die Stadtmauer steil zum Niederbachtal hin abfällt. Anschließend führt der Weg hinauf zur St.-Martins-Kirche und hier weiter über das Michelfeld, vorbei an der Bergseite des städtischen Mauerrings. Über den Kalvarienberg gelangt man dann zur Chablis-Straße, von wo der Rundgang zunächst in Richtung Klosterruine fortgesetzt wird. Vorbei am Gelben Turm und den Oberweseler Schulen geht es dann wieder in Richtung unseres Ausgangspunktes, der Liebfrauenkirche. Den Abschluß des Stadtführers bilden Ansichten der Schönburg über Oberwesel.

Den einzelnen Zeichnungen dieses Bandes ist jeweils ein Text beigestellt, der den Leser in knapper Form mit dem nötigen (kunst-)geschichtlichen Hintergrund der abgebildeten Sehenswürdigkeit vertraut macht. Damit erfüllt das vorliegende Buch nicht nur die Aufgabe eines Stadtführers, sondern es versteht sich zugleich als ein Beitrag zur Stadtgeschichte von Oberwesel. Ein Lageplan sowie ein Stichwortverzeichnis am Beginn des Buches erleichtern das Auffinden der jeweiligen Punkte innerhalb der Stadt.

Leider konnten in diesen Stadtführer nicht alle interessanten Motive von Oberwesel aufgenommen werden. Sicher gibt es weit mehr sehenswerte

Bauten bei uns als die hier abgebildeten. Allerdings wäre dann der Umfang des Stadtführers erheblich angewachsen, was seine Handlichkeit und die Finanzierung der Schrift in Frage gestellt hätte. Dennoch haben sich Verleger und Herausgeber bemüht, eine Auswahl vorzunehmen, von der man behaupten darf, daß sie die markanten Stellen und historisch bedeutenden Sehenswürdigkeiten von Oberwesel enthält.

Abschließend gilt mein Dank dem Zeichner Edmund Lahnert, der in vielen Stunden mühevoller Arbeit die hier veröffentlichten Strichzeichnungen detailgetreu erstellt hat. Ihm, der sich unermüdlich für die Bewahrung des kulturellen Erbes unserer Stadt eingesetzt hat und gegenwärtig immer noch in vielfältiger Weise engagiert, ist dieses Buch zu seinem 71. Geburtstag am 24. Oktober 1992 gewidmet.

Danken möchte ich auch dem Autorenteam, Dr. Ludger Fischer, Josef Heinzelmann, Edmund Lahnert und Dieter Metzger, sowie denjenigen, die durch kritische Anmerkungen das Werk in seiner Entstehung mitgetragen haben.

Bleibt zu wünschen, daß diese Bildersammlung den Leser erfreut und ihm Oberwesel sowohl nahebringt als auch in angenehmer Erinnerung hält.

Wilhelm Hermann,
Verleger

VIRGINES VAGABUNDAS DEVITA.

Non procul à tectis ceu Cochlea tarda recedit, | *Sic se contineat Virgo pudica domi.*

Gleich wie ein Schneck, wann sie geht auß,
Mit sich trägt allezeit ihr Hauß:
Also ein Züchtigs Jüngfrawlein,
Bey ihrem Hauß soll bleiben fein.

Kupferstichreproduktion aus: Daniel Meisner/Eberhard Kieser, Politisches Schatzkästlein, Frankfurt um 1625.

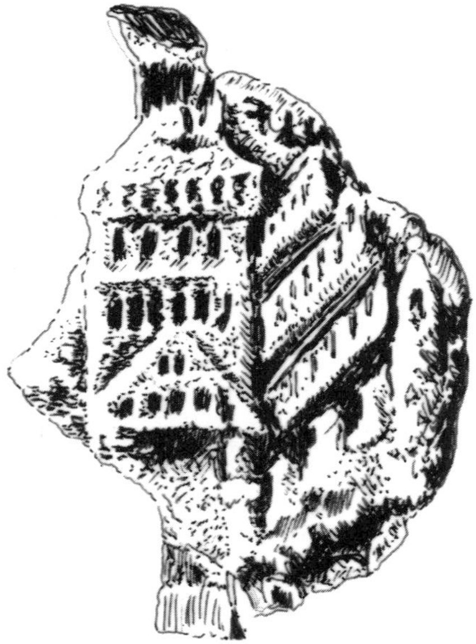

Bruchstück des ältesten bekannten *Stadtsiegels von Oberwesel* („sigillum civitatis Wesalie") aus dem Jahr 1253.

Siegel der Stadt Oberwesel von 1268.

In der Mitte einer zinnenbekrönten Stadtmauer erhebt sich ein hohes, gezinntes Turmtor, an das sich im Hintergrund zwei kleine Türme anlehnen. Im kleeblattförmigen Tor thront der König mit einem Lilienzepter in seiner rechten und dem Reichsapfel in der linken Hand. An den Seiten stehen zwei kleinere Türme mit vorkragenden Eckwarten (Wichhäuschen) im obersten Geschoß.

Die Inschrift lautet:
SIGILLVM : BVRGENSIVM : IN : WESALIA
(Original im Landeshauptarchiv Koblenz; Ø 8,2 cm).

Zur Stadtgeschichte von Oberwesel

Oberwesel gehörte vor der Römerzeit zum Gebiet des keltischen Stamms der Treverer. Der Name deutet auf keltischen Ursprung hin. In der Form *Vosolvia* erscheint die Bezeichnung im 3. Jahrhundert nach Christus auf dem „Tongerner Meilenstein", später begegnet sie uns auf der sogenannten „Tabula Peutingeriana" als *Vosavia.* Es ist der Name einer Station an der römischen Heerstraße entlang des Rheins, so wie Bingen und Mainz rheinaufwärts oder Boppard und Koblenz rheinabwärts, allerdings von geringerer Bedeutung als diese. Die genannten Orte waren „mansiones" (Bleiben), Herbergsplätze für den Krieger und Reisenden, Wesel jedoch nur eine „mutatio" (Wechsel), ein sogenannter Ausspann, wo man die Pferde wechselte und sich mit Speis und Trank für die Weiterreise stärken konnte.

Nach Abzug der Römer um die Wende vom 4. zum 5. Jahrhundert rückten Germanen an ihre Stelle. Unter den fränkischen Königen (482–887) wurde *Wasalia* (auch *Vesalia* oder *Wesile*), wie der Ort jetzt genannt wird, ein Verwaltungssitz des sich entlang des Rheins erstreckenden Königslandes. Der zu ihm gehörige und von ihm aus verwaltete Fiskalbezirk erstreckte sich nördlich über St. Goar hinaus bis zum Gründelbach, südlich wohl bis nach Nieder- und Oberheimbach; ungefähr 15 Kilometer vom Rhein entfernt verlief die Westgrenze (etwa die heutige Autobahn A 61).

Dieser Verwaltungseinheit wurde aber ein beträchtliches Gebiet entzogen, als im Jahr 820 der Kirche und Klosterzelle des heiligen Goar durch kaiserliche Schenkung (Ludwig der Fromme, 778–840) ein ausgedehntes Waldland zugewiesen wurde.

Vermutlich schon im 6./7. Jahrhundert war auch das Gebiet um Bacharach durch königliche Schenkung in den Besitz des Erzbischofs von Köln gelangt. In den Wäldern des immer noch weiträumigen Hinterlandes entstanden allmählich 13 Ortschaften, bäuerliche Siedlungen, für die Wesel der Verwaltungsmittelpunkt wurde.

Im Jahre 966 schenkte Kaiser Otto I. den Hof zu Wesel dem Mauritiusstift, dem späteren Erzbistum Magdeburg. 1166 wurde Wesel durch Kaiser Friedrich Barbarossa für das Reich zurückerworben. Das Vogteirecht über die Stadt verblieb bei den Herren von Schönburg.

1216 verpfändete Kaiser Friedrich II. Stadt und Burg wieder dem Erzbistum Magdeburg, bis sie 1220 gegen 2000 Mark Silber an das Reich zurückkamen. In diese Zeit fällt die Stadtwerdung: Ein Schöffengremium und ein Stadtsiegel künden von der Selbstverwaltung.

1237 wurde Wesel durch Zahlung von 300 Mark Silber von der Vogtei der Herren von Schönburg befreit, die weiterhin Reichsministeriale blieben. Sie traten auch bei benachbarten Fürsten in Lehensverhältnisse und gelangten zu immer bedeutenderem Ansehen und Besitz. Die Stadt Wesel hatte durch diese Zahlung die freie, volle Reichsunmittelbarkeit erworben.

An die Magdeburger Zeit erinnerte bis in die Mitte des 16. Jahrhunderts die Mauritiuskapelle am Marktplatz von Oberwesel (St. Mauritius ist der Schutzpatron des Erzbistums Magdeburg).

Trotz der wechselnden Herren muß sich Wesel ruhig und stetig entwickelt haben, denn jetzt, zu Beginn des 13. Jahrhunderts, offenbart sich fast unvermittelt eine gewisse Bedeutung des Ortes, der bisher nur als „curia" (Hof) oder „villa" (Dorf) galt. Noch 1213 wird der Ort in einer Urkunde schlicht als *Wesele* bezeichnet. Schon 1216 erscheint er in jener Urkunde Friedrichs II., bald auch danach, und zwar 1220, in einer weiteren Urkunde dieses Kaisers als Stadt oder „oppidum" (befestigte Stadt). Seitdem tritt der Name Wesel entweder in Verbindung mit dieser oder häufiger noch mit der Bezeichnung „civitas" auf.

Wesel erhielt vor 1216 Stadtrechte, 1257 bestätigte König Richard von Cornwallis die errungenen Freiheiten und die Reichsunmittelbarkeit. Vermutlich geschah damals zwischen 1213 und 1216 das, was den Ort wenigstens äußerlich als ein „oppidum" erscheinen ließ: daß er von Befestigungswerken umgeben und geschützt und so für die Verteidigung geeignet gemacht wurde. Über die Art dieser Befestigung ist Näheres nicht zu sagen; was sich heute an Mauerwerk und Türmen darstellt, ist jüngeren Ursprungs. Und doch: Von allen mittelalterlichen Stadtumwehrungen bietet sich hier eines der großartigsten, geschlossensten und besterhaltenen Stadtbilder am Rheinstrom, das dazu noch in einzigartiger Harmonie in die Landschaft eingebunden ist. Dies alles blieb erhalten, obwohl seit dem 17. Jahrhundert immer wieder Zerstörungen durch Kriege, Stadtbrände sowie Straßendurchbrüche und umfangreiche Neubauten besonders im 19. und 20. Jahrhundert das ursprüngliche organische Gefüge der Stadt tiefgreifend verändert haben.

Die Stellung Wesels innerhalb des Reiches ist im 13. Jahrhundert deutlich gekennzeichnet durch das Privileg Richards von Cornwallis vom Jahre 1257. Dieses besagte, die Bürger der Stadt dürften keiner fremden Herrschaft unterworfen sein. Auch sollte kein Vogt mehr über sie gesetzt werden.

Seit der Mitte des 13. Jahrhunderts hatte die Stadt auch ein eigenes Siegel. Im Jahr 1253 finden wir das „sigillum civitatis Wesalie" zum ersten Mal erwähnt. Es zeigt das Erwachen eines bürgerlichen Selbstwertgefühls und das Bedürfnis, die eigene politische Geltung auch nach außen darzustellen.

Die wachsende Bedeutung der ummauerten Stadt zeigt sich besonders durch den Eintritt in Städtebünde. Wir finden Wesel im Bunde mit Köln, Frankfurt, Mainz, Boppard und anderen Städten. Deutsche Könige und die rheinischen Kurfürsten weilten wiederholt in seinen Mauern.

Die Bedeutung der Stadt beruhte damals zum einen auf dem blühenden städtischen Bürgertum, zum anderen aber vor allem auf der wirtschaftlichen Kraft des Hinterlandes. Neben den weltlichen Grundherren hatten um diese Zeit nicht weniger als neun Klöster (u. a. Eberbach, Schönau und Werschweiler) Grundbesitz und Einkünfte in Wesel und seinem Hinterland.

Die Stadt erfreute sich nicht lange ihrer Reichsunmittelbarkeit. Nachdem sie vorübergehend an Wilhelm von Jülich verpfändet und anschließend den Grafen von Hanau unterstellt war, verpfändet sie 1309 Heinrich VII. (1308–1313) an seinen

Bruder Erzbischof Balduin von Trier (1308–1354). Im Jahre 1312 wurde Wesel zusammen mit der Stadt Boppard endgültig dem Erzstift Trier einverleibt als Belohnung Balduins, der seinem Bruder die Königskrone verschafft hatte. Zur gleichen Zeit war die Schönburg eine große Ganerbenburg geworden.

Die Bürger der ehemals freien Reichsstadt scheinen sich indes nicht leichten Herzens mit der neuen Wendung der Dinge abgefunden zu haben, obwohl die Stadt unter den Trierer Kurfürsten eine Zeitlang weiter blühte, wie der Bau der Oberweseler Kirchen Liebfrauen und St. Martin beweist. Jedenfalls mußte Erzbischof Werner von Falkenstein (1388–1418) die ihm gegenüber ungehorsame Stadt 1390/91 bekriegen. Dieser sogenannte „Weseler Krieg" ist bemerkenswert, da hier zum ersten Mal im Rheinland Feuergeschütze eingesetzt wurden. Die Stadt wehrte sich verzweifelt über ein Jahr lang und mußte sich schließlich ergeben. Sie wurde zwar von den Belagerern in Gnaden aufgenommen, hatte aber eine hohe Strafe zu zahlen.

Vermutlich in Zusammenhang mit diesem Krieg stand die Ummauerung der nördlichen Vorstadt „Niederburg", denn bis zu diesem Zeitpunkt war nur die Altstadt von Mauern umgeben. Schließlich wurde um 1450 auch die südliche Vorstadt „Kirchhausen" ummauert.

Unter dem Trierer Erzbischof Johann von Baden (1456–1503), der ein kriegerischer Kurfürst war, wurden auch Bewohner von Wesel mehrfach zu den Waffen gerufen. 1492 schloß er mit den Kurfürsten von Köln und Mainz und dem Kurfürsten von der Pfalz in Wesel einen Vertrag zur Sicherung des Handels auf dem Rhein. Zu dieser Zeit lebte auch der bekannte Theologe Johannes Ruchrat von Wesel, der Lehrer in Erfurt und dann Domprediger in Worms war und dem 16 angeblich irrige Lehrsätze zur Last gelegt wurden.

Von 1503 bis 1511 war Jakob II. Erzbischof von Trier. Während seiner Regierungszeit weilte Kaiser Maximilian in Oberwesel. Auf Jakob II. folgte Richard von Greifenklau (1511–1531). Nach dem Tode Maximilians fand 1519 in Oberwesel eine Kurfürstenversammlung statt, auf der Richard mit den anderen rheinischen Kurfürsten einen „Rheinischen Verein" gründete, um die Ordnung aufrechtzuerhalten, bis ein neuer Kaiser gewählt sei.

In Oberwesel kamen die drei rheinischen Kurfürsten auch zusammen, um den Feldzugsplan gegen Franz von Sickingen festzulegen.

1524 besprachen sich die Kurfürsten von Köln, Mainz und Trier in Oberwesel über die Lage der Bauern. Die Oberweseler stellten Artikel auf, die ihre Situation verbessern sollten. Der Kurfürst willigte zunächst ein, nahm dann aber nach der Niederwerfung der Bauernaufstände 1525 alle Zugeständnisse wieder zurück.

1527 weilte Kaiser Karl V. in St. Goar und wohnte bei dieser Gelegenheit in der Liebfrauenkirche einer heiligen Messe bei.

Unter Erzbischof Lothar von Metternich (1599–1623) brach der Dreißigjährige Krieg aus, der auch Oberwesel unermeßlichen Schaden zufügte: 1620/21 und 1626 besetzten kaiserlich-spanische Truppen, 1632 Schweden, 1644/45 Bayern unter Gallas und 1646 Franzosen die Stadt. Beschießungen, Truppendurchzüge, Einquartierungen und damit verbundene Requisitionen und Kontributionen haben Oberwesel und seinen Bürgern sehr zugesetzt; dazu kam noch die Pest.

Von 1647 bis 1687 besetzten Franzosen immer wieder von neuem die Stadt und die Dörfer des Hinterlandes. Von Oktober 1688 bis März 1689 lagen 1600 Mann in der Stadt; bei ihrem Abzug steckten die Soldaten sie dann in Brand. Auch die Schönburg wurde zerstört.

Im polnischen Erbfolgekrieg (1734/35) wurde Oberwesel rücksichtslos gebrandschatzt.

1768 bestieg der letzte Trierer Kurfürst, Clemens Wenzeslaus (1768–1801), den kurfürstlichen Thron. Während seiner Herrschaft brach 1789 die Französische Revolution aus, und wiederum rückten französische Heere an den Rhein. 1803 gingen alle landesherrlichen Rechte an Frankreich über. Die Franzosenherrschaft dauerte bis 1814.

In der Neujahrsnacht 1813/14 überschritten die ersten Truppen der Blücherarmee bei Kaub den Rhein. 1815 wurde Oberwesel zusammen mit den übrigen rheinischen Gebieten preußisch.

Durch die Säkularisation 1802/03 (Aufhebung aller Stifte, Klöster, Adels- und Klosterhöfe, Einzug des gesamten Kirchenvermögens) war die Verbindung der Stadt mit der übrigen Welt unterbrochen. Über ein ganzes Jahrhundert träumt die Stadt, als Zufluchtsort der Romantiker (Freiligrath, Simrock, Hoffmann von Fallersleben, V. Hugo u. a. weilten häufig im Hotel „Goldner Pfropfenzieher"), ihrer ruhmreichen Vergangenheit nach. Zwischen 1828 und 1830 entstand die heutige Hauptstraße, die wie eine Schneise das bis dahin harmonische Stadtbild durchzieht.

1857 bis 1859 verlegte man vor der Stadt die linksrheinische Bahnlinie, wodurch der rheinseitige imposante Mauerzug teilweise verdeckt wurde. Ihr folgte rund 100 Jahre später der Bau der Umgehungsstraße B 9.

Die Stadt der Schiffer, Winzer und Handwerker hat sich jetzt mehr und mehr zur Wohnstadt mit „sanftem Tourismus" und Steillagenweinbau entwickelt.

In seiner äußeren Erscheinung und baulichen Gestaltung gewann Oberwesel wenig hinzu, vielmehr ging Beträchtliches verloren. Eine äußerliche Besonderheit erlangte die Stadt allerdings in neuerer Zeit: ihren heutigen Namen. Für das gebildete Bürgertum, aber auch für reisende Herrschaften war die mögliche Verwechslung mit dem niederrheinischen Wesel zumindest unbequem; man nannte es zur Unterscheidung daher schon um 1500 „Wesel im Rheingebirge". Ein Kupferstich von Braun und Hogenberg aus dem Jahr 1572 trägt bereits die Bezeichnung „Ober-Wesell". Dieser Name ging nach und nach in den allgemeinen Gebrauch über. In ihm, wie in vielen anderen Dingen, streifte die Stadt das Überlieferte aus Mittelalter und Altertum ab. Aber das aus dem Mittelalter überkommene Gewand der äußeren baulichen Gestaltung mit Kirchen, Klosterruine und der bemerkenswert erhaltenen Stadtumwehrung mit 18 (von 21) Wehrtürmen ist heute noch ein lebendiges Zeugnis und daher für uns verehrungswürdiges Denkmal der Vergangenheit.

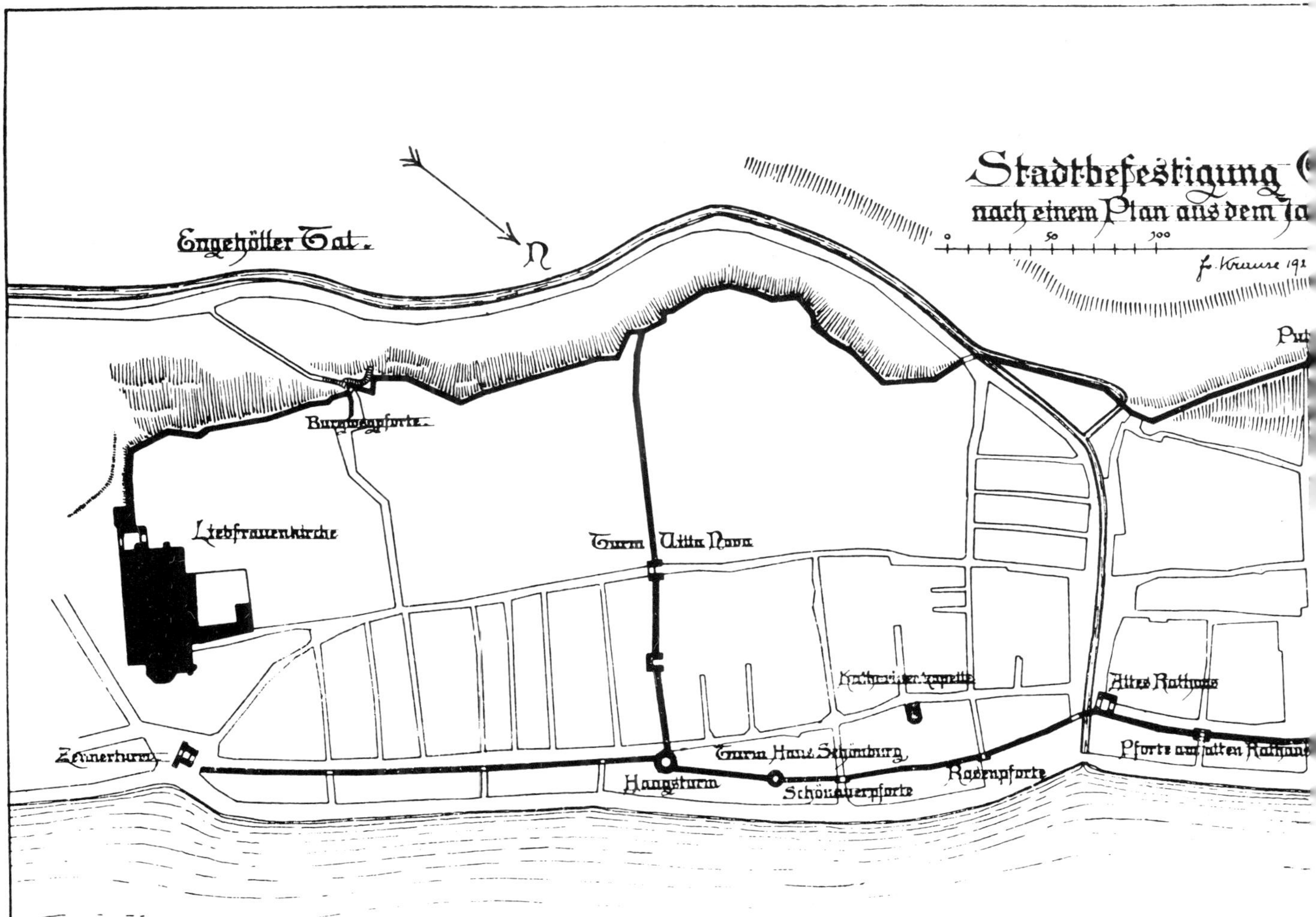

Stadtbefestigung
Engehöller Tal.
N
0 50 100
Burgwegpforte.
Liebfrauenkirche
Turm Vitta Nova
Katharinenkapelle
Altes Rathaus
Zehnerturm
Turm Haus Schönburg
Haagsturm
Schönauerpforte
Rosenpforte

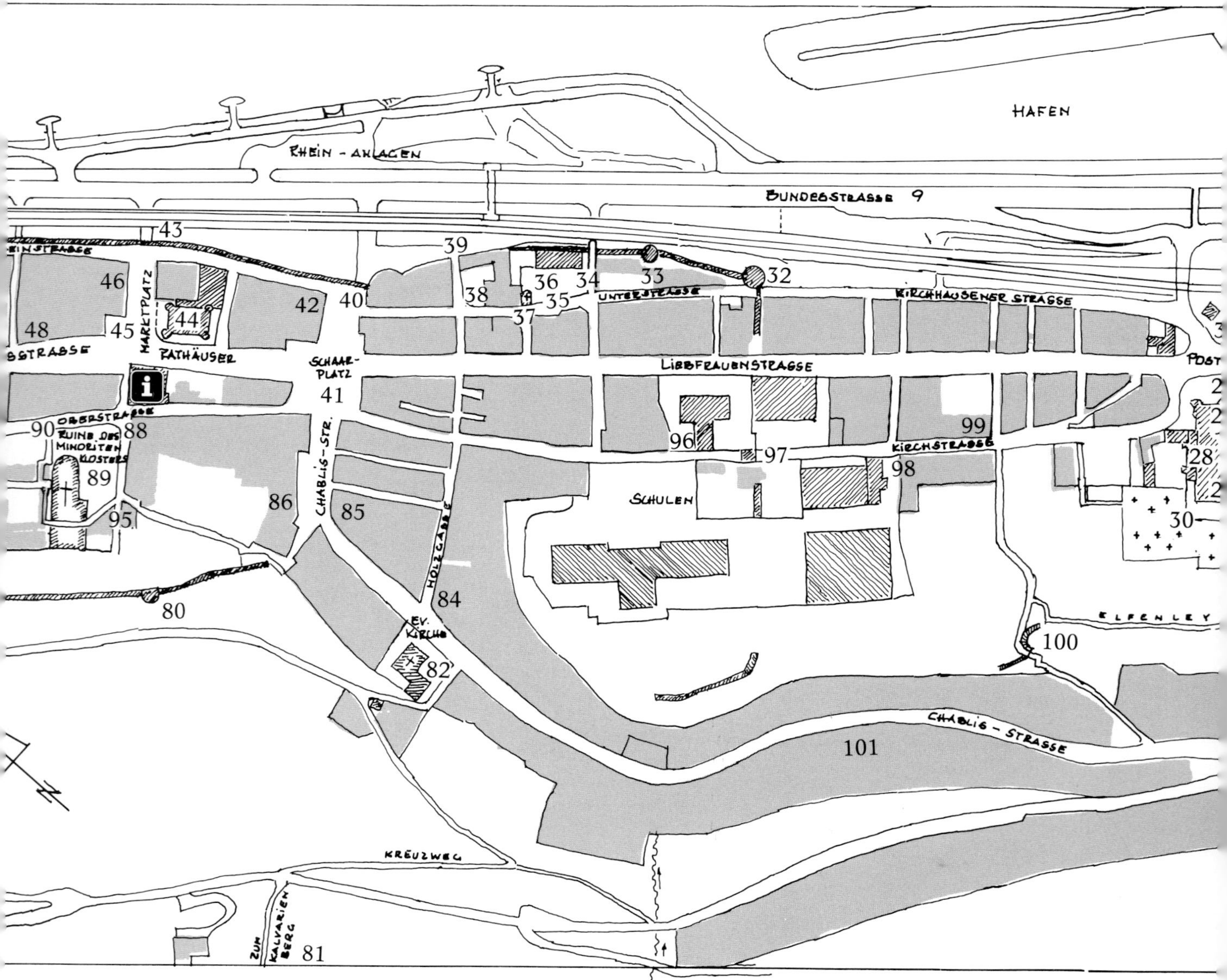
HAFEN
RHEIN - ANLAGEN
BUNDESSTRASSE 9
43
39
36
34
33
32
46
42
40
38
37
35
UNTERSTRASSE
KIRCHHAUSENER STRASSE
48
45
44
MARKTPLATZ
RATHÄUSER
SCHAARPLATZ
41
LIEBFRAUENSTRASSE
POST
OBERSTRASSE
90
88
RUINE DES MINORITEN KLOSTERS
89
95
86
CHABLIS-STR.
85
HOLZGASSE
96
97
99
KIRCHSTRASSE
98
28
SCHULEN
30
84
80
EV. KIRCHE
82
ELFENLEY
100
CHABLIS - STRASSE
101
KREUZWEG
ZUM KALVARIENBERG
81

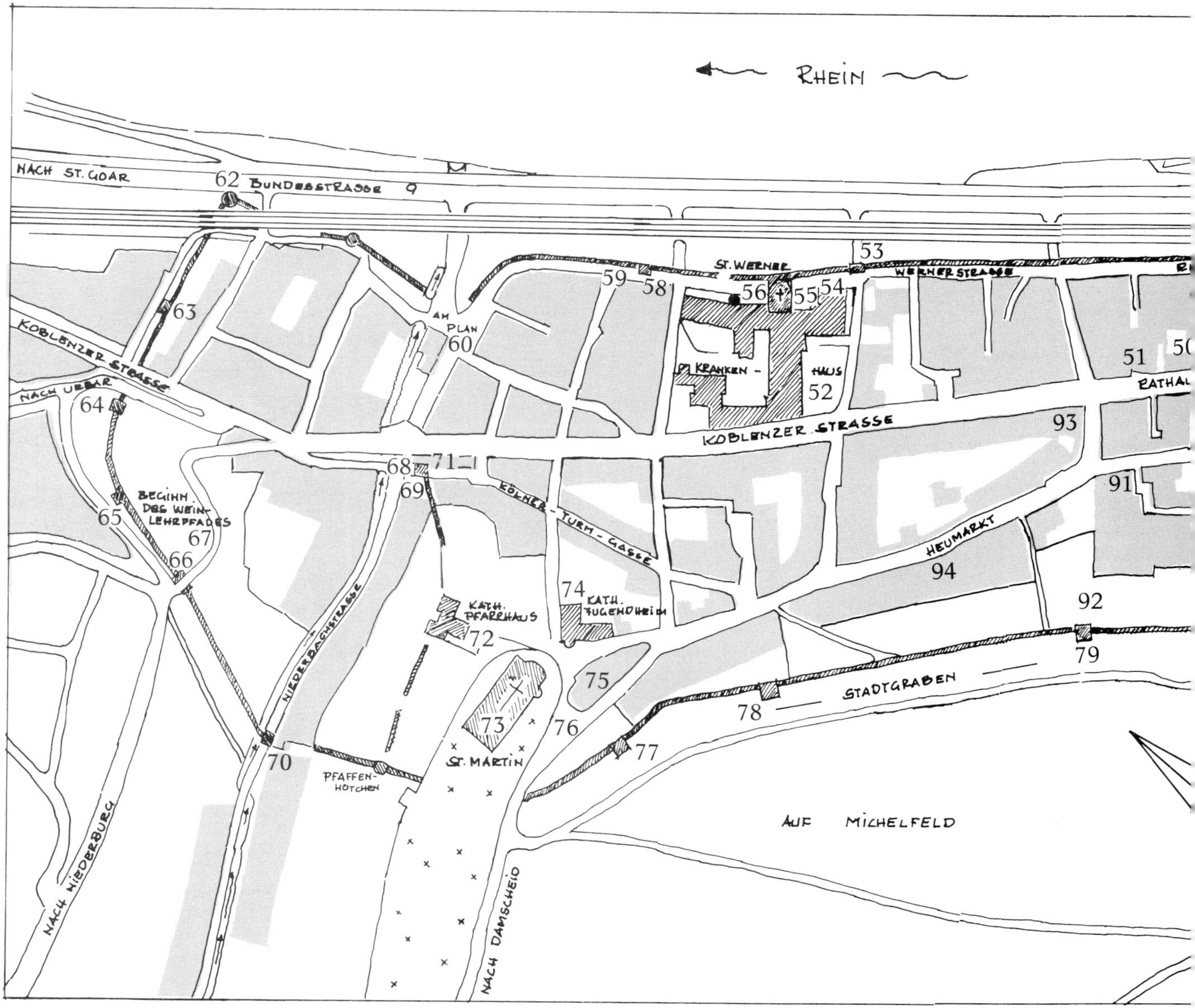

Oberwesel – Plan von 1992.

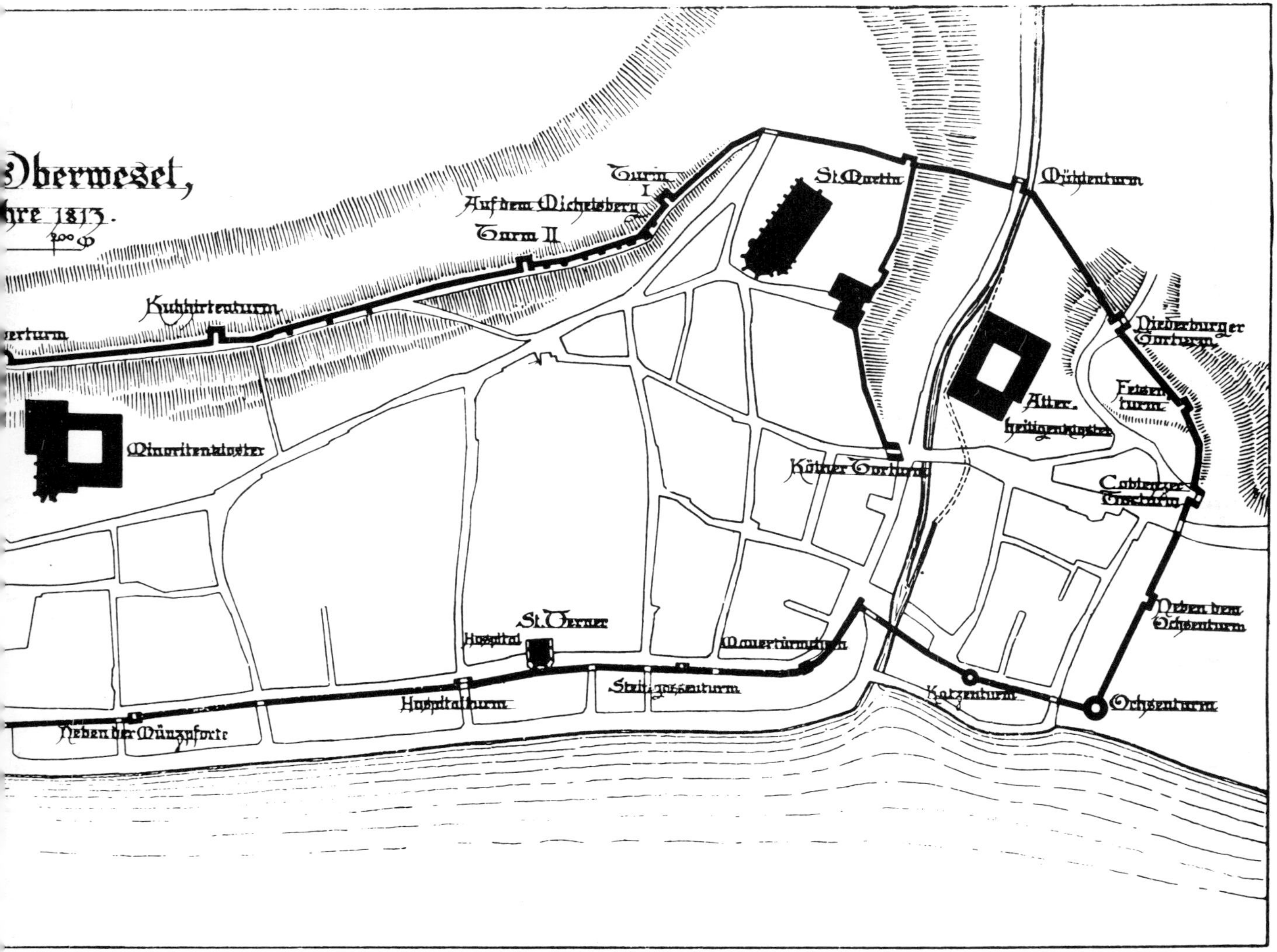

Turm I
Auf dem Michelsberg
Turm II
Kuhhirtenturm
St. Martin
Mühlenturm
Niederburger Torturm
Felsenturm
Allerheiligenkloster
Minoritenkloster
Kölner Torturm
Coblenzer Torturm
Neben dem Ochsenturm
St. Werner
Hospital
Mauertürmchen
Hospitalturm
Steingassenturm
Katzenturm
Ochsenturm
Neben der Münzpforte

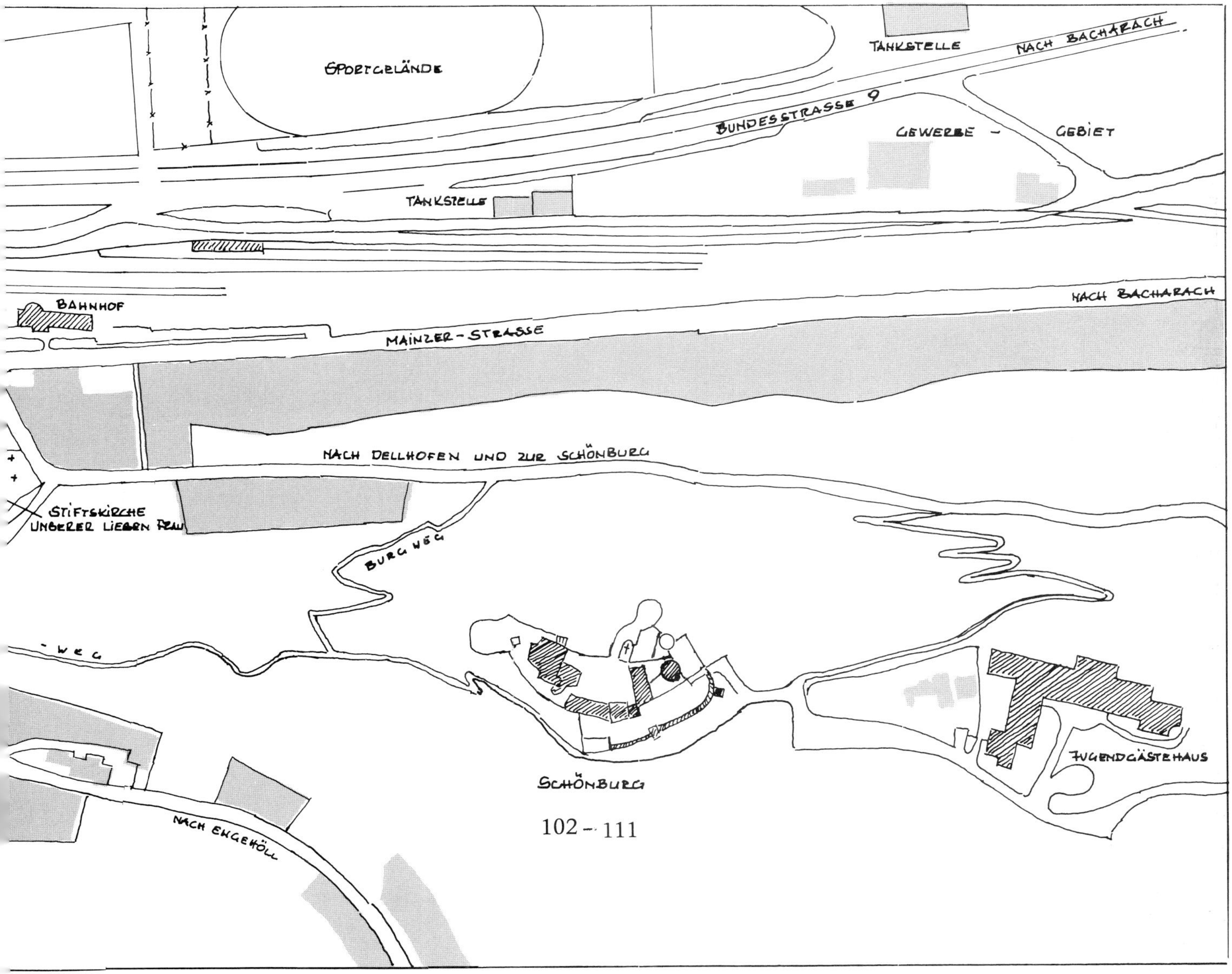

SPORTGELÄNDE
TANKSTELLE
NACH BACHARACH
BUNDESSTRASSE 9
GEWERBE - GEBIET
TANKSTELLE
BAHNHOF
NACH BACHARACH
MAINZER-STRASSE
NACH DELLHOFEN UND ZUR SCHÖNBURG
STIFTSKIRCHE
UNSERER LIEBEN FRAU
BURGWEG
-WEG
SCHÖNBURG
JUGENDGÄSTEHAUS
NACH ENGEHÖLL
102 – 111

Stichwortverzeichnis der Kunst- und Baudenkmale

Zwischen Liebfrauen und St. Martin

Ein Rundgang durch die Stadt

Zu den eindrucksvollsten gotischen Kirchen im Rheinland zählt die ehemalige Stiftskirche *Unserer Lieben Frau (Liebfrauenkirche).* Der Grundstein wurde 1308 gelegt, 1331 erhielten Chor und Altar ihre Weihe, bald nach der Jahrhundertmitte war der 72 m hohe Turm vollendet.

Drei Merkmale zeichnen die dreischiffige, querschifflose Basilika aus: Betonung der Vertikalen, klares Zusammenfügen der Bauteile, glatte Erscheinung der Außenwandflächen, bedingt durch die Verlegung der Strebepfeiler in den Innenraum sowie durch den Verzicht auf Strebebögen. All dies wird unterstrichen durch die einheitliche rote Tönung des Außenputzes mit aufgemaltem Quaderwerk.

Unter einem Baldachin steht außen am Chorhaupt seit dessen Vollendung 1331 eine *Madonnenstatue,* die den Fremden gleich auf das Patrozinium dieser Kirche hinweist.

Auch am Türpfeiler des Südportals befindet sich eine Madonna mit Jesuskind. Diese Statue entstand etwa 50 Jahre später, um 1380.

Der Chor der Liebfrauenkirche, 1308 begonnen und 1331 geweiht, birgt noch die vollständig erhaltene Ausstattung der Erbauungszeit mit Lettner, Chorgestühl und vor allem mit dem sogenannten *Goldaltar*, dem frühesten und monumentalsten unter den wenigen noch vorhandenen und am ursprünglichen Platz verbliebenen geschnitzten Altaraufsätzen aus dem 14. Jahrhundert in Deutschland.

Nach einem Diebstahl aller Figuren 1975 wurde der mit 58 Einzelfiguren ausgestattete Flügelaltar umfassend restauriert, seit 1991 ist das Retabel bis auf drei Skulpturen wieder vollständig.

Filigranartig fein geschnitztes Rahmenwerk umschließt im Hauptschrein und auf den Vorderseiten der beiden Flügel die in zwei Geschossen vor Goldgrund angeordneten, das Erlösungswerk Christi veranschaulichenden Figuren. Die untere Reihe zeigt die Heilsgeschichte seit Adam und Eva, die obere Christus und Maria, die Patronin der Kirche, zwischen Aposteln und Heiligen.

Das feingegliederte Maßwerk ist bei allen Rosetten und den darüberliegenden Wimpergen (mit Maßwerk und Verzierungen versehene gotische Spitzgiebel) unterschiedlich gestaltet.

Die Abbildung ist eine Holzstichreproduktion aus: F. Bock, Rheinlands Baudenkmale des Mittelalters, Köln um 1870.

25

Die *Orgel der Liebfrauenkirche* mit dem großartigen Barockprospekt gehört zu den bedeutendsten Orgeln am Mittelrhein. Sie wurde in den Jahren 1740 bis 1744 von dem schlesischen Orgelbauer Franz Joseph Eberhardt gefertigt. Seit der 1980 abgeschlossenen Restaurierung umfaßt das Instrument drei Manualwerke: I. Hauptwerk (größtenteils original), II. Oberwerk (größtenteils original), III. Schwellwerk (von 1936; 1970–80 erweitert) und Pedal (nur zum Teil original, da erweitert) mit insgesamt 54 Registern und 3565 Pfeifen.

Die im 16. Jahrhundert ausgeführten *Wandmalereien* in der Liebfrauenkirche stellen Szenen aus der biblischen Geschichte wie auch aus Legenden rheinischer Heiliger dar.

Das *Wandbild der Geburt Christi* (um 1530) ist eines von vier Bildern zu seiten eines Marienbildnisses am mittleren der südlichen Turmpfeiler.

GEBURT CHRISTI

c.he

Auf der *Darstellung des hl. Martin* mit 2 Bettlern (um 1520) am vorderen Turmpfeiler im nördlichen Seitenschiff ist im Hintergrund eine Stadtansicht von Oberwesel mit der St.-Martins-Kirche und dem Ochsenturm als Teil der Stadtbefestigung zu sehen. Die St.-Martins-Kirche hat an ihrer Nordseite noch nicht das heutige vollständige Seitenschiff, sondern lediglich einen kleineren Anbau.

Auch auf anderen Wandbildern der Liebfrauenkirche finden sich als Hintergrund Ansichten von verschiedenen rheinischen Städten, u. a. (am selben Pfeiler) die älteste Stadtansicht von Koblenz. Die Wandmalerei zeigt Koblenz und Ehrenbreitstein (vor 1500) mit dem hl. Florinus, der hl. Katharina (Rad und Schwert) und dem hl. Kastor, der das Modell der Koblenzer St.-Kastor-Kirche trägt.

Im Westen erhebt sich, durch die Ruine des Konventsaales mit der Liebfrauenkirche verbunden, die ehedem zum Stift gehörige *Friedhofskapelle St. Michael* aus dem 14. Jahrhundert.

Beim Bau des *Konventsaals* dienten die Wände der Liebfrauenkirche und der St.-Michaels-Kapelle als Seitenwände. Die Längsmauern mit einem Durchgang im Erdgeschoß sind heute noch erhalten.

Nördlich der Liebfrauenkirche liegt der etwa 100 Jahre später (um 1430) errichtete Kreuzgang. Die sieben an die Kirche anschließenden Joche sind vollständig erhalten. Das zweistöckige Gebäude der ehemaligen Vikarie (im Oberstock Fachwerk) bildet den nordöstlichen Winkel des ehemals von Arkaden umschlossenen Hofes.

Der *Zehnerturm*, früher auch Eselstor genannt, südlichster Torturm der Stadtbefestigung (nach einem Aquarell von Carl Haag). Zusammen mit der Vorstadtummauerung wurde er in der Mitte des 15. Jahrhunderts erbaut.

Durch das Tor führten sowohl die beiden hier zusammenlaufenden Hauptstraßen der Stadt, Zehnergasse und Kirchhausener Straße, als auch die Straßen nach Bingen und auf den Hunsrück.

Das Bild zeigt den Turm vor dem Bau der Eisenbahn 1858/59. Schon damals führte der Verkehr nicht mehr durch das Tor, sondern über die 1828–30 angelegte neue Provinzialstraße, die heutige Liebfrauenstraße.

Heute versinkt der Turm in der Aufschüttung eines anliegenden Parkplatzes.

Carl Haag (1820–1915, englischer Hofmaler z. Z. Königin Viktorias) ließ 1864 durch einen Nürnberger Architekten den *Roten Turm,* den südlichen Eckturm der inneren Stadtbefestigung, restaurieren und als Wohnung ausbauen. Der in der Mitte des 15. Jahrhunderts erbaute Rundturm, ehemals mit Zinnen, erhielt dabei einen romantischen Turmhelm im süddeutschen Stil und wird seitdem auch Haagsturm genannt.

Der Turm ist seit 1956 im Besitz der Familie Hermann, die sich um seine Erhaltung ebenso wie um den Wiederaufbau der Schönburg bemüht hat.

An ihn schließt sich in Richtung Gelber Turm ein Rest der älteren Stadtmauer mit einem Durchgang an. Das über 100 Jahre alte Eichentor dient alle zwei Jahre als Eingang zum „Mittelalterlichen Spectaculum", einer Veranstaltung entlang der historischen Stadtmauer, bei der Oberweseler Handwerker und Zünfte aus früherer Zeit ihre Künste und altes Brauchtum zeigen. Das „Mittelalterliche Spectaculum", das 1985 zum erstenmal durchgeführt wurde und seit 1986 in einem zweijährigen Turnus jeweils am ersten Juniwochenende stattfindet, ist mittlerweile zu einer weit über die Grenzen von Oberwesel hinaus bekannten und vielbesuchten Attraktion geworden.

Einige Meter weiter nördlich führt auf der linken Seite die Deutscher-Hof-Gasse zur Liebfrauenstraße. Sie erinnert an den Sitz des Deutschordens, der sich zwischen 1296 und der Säkularisation 1802/03 an dieser Stelle befand. Das Deutschordenshaus und Hauptgut wurde am 25. September 1806 für 3150 franz. Francs, die übrigen dazugehörigen Ländereien für 4556 franz. Francs verkauft.

Turm am Haus Schönburg (Unterstraße Nr. 8a), zum ehemaligen Schönburger Hof gehörig (nur von der Rheinseite aus zu sehen).

Zu den Besitzungen der Schönburger gehörten neben der Stammburg mehrere Höfe in der Stadt, so auch der Schönburger Hof. Das jetzige Gebäude war Ende des 19. Jahrhunderts im Besitz des Historikers Karl Alberts alias Theodor Vuy, der eine „Geschichte des Trechirgaues und von Oberwesel" (1885) verfaßt hat.

Am Haus Unterstraße Nr. 8 ist über dem Eingang zu einem großen Gewölbe-Weinkeller, der sich entlang der Stadtmauer erstreckt, ein Wappen der Schönburger angebracht.

Es wird behauptet, daß im Mittelalter von diesem Keller ein unterirdischer Gang bis hinauf zur Schönburg führte, der allerdings heute weder in Verbindung mit der Örtlichkeit noch sonstwie nachzuweisen ist.

Aber auch die bekannte Sage von den sieben Jungfrauen erzählt von einem verborgenen Weg, über den die allseits begehrten, jedoch ihre Freier verschmähenden Burgfräulein zum Rhein gelangten und dort einen Kahn bestiegen, in dem alle sieben kurz darauf ertranken.

An die sieben Jungfrauen erinnern noch heute sowohl das gleichnamige Felsenriff im Rhein unterhalb von Oberwesel, die ganz in der Nähe befindliche Weinbergslage „Sieben Jungfrauen", in der ein edler Wein wächst, als auch das Gasthaus „Sieben Jungfrauen".

Neben der *Schönauer Pforte* hatte das Benediktinerkloster Schönau i. Ts. (an der Ecke Unterstraße/Schönauer Gasse, bis 1889 Ochsenstraße) einen größeren Hof, der erstmals 1213 erwähnt wird. Auch andere auswärtige Klöster hatten Hofgüter in Oberwesel, meistens dank Schenkungen der Schönburger.

Nach der Aufhebung des Klosters durch die Franzosen am 27. Oktober 1803 und dem Verkauf des Schönauer Hofs mit den dazugehörigen Gütern (u. a. Weinberge mit 10100 Rebstöcken) zu einem Preis von 5960 franz. Francs entstand im 19. Jahrhundert an dieser Stelle das Wirtshaus „Zum Ochsen", später *Hotel „Rheinischer Hof"*. Hier wurde 1875 bei einem weinseligen Abend die Grundlage für die Erfindung der Ansichtspostkarte durch den Hofbuchhändler August Schwartz aus Oldenburg geschaffen.

Der „Rheinische Hof" wurde im August 1974 abgerissen. Heute befinden sich hier der städtische Bauhof (erbaut 1987/88) und der Schönauer-Hof-Platz.

An der Rheinseite des vor der Pforte liegenden Eisenbahndammes findet man Markierungen der Hochwasserstände seit 1882.

Die 1987 installierte Rekonstruktion des *Brunnens der Schönauer-Hof-Nachbarschaft* (wiedergegründet 1860).

Bereits im 13. Jahrhundert bestanden in Oberwesel Nachbarschaften oder auch Brunnengemeinschaften, die für die Unterhaltung von Brunnen sorgten. Daneben bildeten die Nachbarschaften auch ein Organ, das die Interessen der Kleinbürger gegenüber den Grundherren und Rittern im städtischen Rat vertrat. Im 14. Jahrhundert gelang es ihnen nach langen erbitterten Kämpfen, Ratsmannen ins Stadtparlament zu entsenden. Außerdem wurden auf Vorschlag aller Nachbarmeister dem Rat drei Personen präsentiert, aus denen der zweite Bürgermeister der Stadt gewählt wurde. Die heutigen Nachbarschaften reichen größtenteils in die Mitte des 19. Jahrhunderts zurück.

Beim Bau des Oberweseler Hafens 1895/96 ergaben sich Probleme mit der Wasserversorgung in der Oberstadt, weil durch die Absenkung des Grundwasserspiegels die Brunnen versiegten. Um dem Wassermangel abzuhelfen, mußten bei einigen Brunnen Tiefbohrungen vorgenommen werden. Ihre Bedeutung verloren die Brunnen, als Oberwesel 1901 eine zentrale Wasserversorgung erhielt.

Die zum benachbarten Eberbacher Hof gehörende *Katharinenkapelle* (Ansicht vom Schönauer-Hof-Platz). Möglich wurde dieser Blick wieder durch den Abriß einer angrenzenden Autowerkstatt im März 1985.

Links ein Blick in die 1889 so benannte Katharinengasse.

Der Eingang zur *Katharinenkapelle* an der Unterstraße. Die gotischen Architekturformen der Außenmauern lassen auf eine Errichtung im 14. Jahrhundert schließen.

Der Dachstuhl der Kapelle ist jüngeren Datums, nachdem er im Jahr 1689 abgebrannt war und neu errichtet werden mußte.

Der *Eberbacher Hof,* Unterstraße Nr. 14, ehemals Besitz des Zisterzienserklosters Eberbach im Rheingau. Der Orden faßte bereits um 1200 in Oberwesel festen Fuß. Erst 1312 – gleich nach der Verpfändung der Stadt – verkaufte Udelindis, eine Schönburger Nachfahrin, diesen Hof, der wohl eines der ältesten Herrschaftszentren von Oberwesel war, dem Kloster Eberbach.

Bei der Säkularisation am 3. November 1803 veräußerte man den Hof und sonstiges Eigentum der Abtei für 9126 franz. Francs. Seitdem befindet er sich in Privatbesitz, ebenso wie die zum Hof gehörige *Katharinenkapelle.* Sie wurde 1986/87 restauriert, ein Anfang zur Restaurierung der Gesamtanlage. Das Fachwerkhaus rechts wurde im Mai 1992 abgerissen.

Im Bereich der Hofanlagen Schönburger Hof, Schönauer Hof und Eberbacher Hof weicht die Stadtmauer von ihrem Verlauf entlang der Straße ab, um die Höfe in die Ummauerung mit einzubeziehen. Ein Hinweis dafür, daß diese Höfe schon vor Errichtung der Stadtbefestigung hier existierten.

Die *Rosenpforte* an der Rosengasse ist einer der ebenso zahlreichen wie typischen Tordurchgänge in der rheinseitigen Stadtmauer. Der Rundbogenfries über dem spitzbogigen Tor ist charakteristisch für das 14. Jahrhundert.

Spuren an der angrenzenden Hauswand des ehemaligen Eberbacher Hofes lassen darauf schließen, daß die Rosenpforte früher einmal mit einem Wichhäuschen überbaut war.

Die Rosengasse ging vor dem Bau der Provinzialstraße (1828–30) bis zur Kirchstraße durch.

Die Heiligen *Nikolaus* und *Johannes von Nepomuk* auf der Stadtmauer am Schaarplatz über einem der leider zahlreichen neuzeitlichen Durchbrüche.

St. Nikolaus, Schutzpatron der Schiffer, blickt zum Rhein. Zur Stadtseite gewandt ist Johannes von Nepomuk, der wegen seines Martyriums (Sturz von der Moldau-Brücke in Prag) in Böhmen und Süddeutschland als Brückenheiliger verehrt wird.

Die Doppelfigur stammt wahrscheinlich aus einem der ehemaligen Oberweseler Klöster.

Nicht nur der Niederwald, auch Oberwesel hat seine „*Germania*". Als Kriegerdenkmal für die Kriegsteilnehmer der Kriege 1866 und 1870/71 wurde das Denkmal am 11. August 1895 auf dem Schaarplatz in der Mitte der Stadt errichtet, 1973 aber aus verkehrstechnischen Gründen von dort entfernt und an der Straße zur Schönburg in der Nähe des Jugendgästehauses aufgestellt.

Die letzte *Synagoge* von Oberwesel, nach einem Fassadenriß von Maurermeister Joseph Kipper, der sie 1886 erbaute (Schaarplatz Nr. 3/ Ecke Rheinstraße, bis 1889 Unterstraße).

In dieser Synagoge mit ihrem wohlproportionierten Äußeren, das Elemente des Klassizismus (Rundbogenfenster) und der Burgenromantik (Zinnenkranz, Wichhäuschen) vereinigt, und der handwerklich sorgfältigen Ausführung in Sichtmauerwerk hatte sich die Israelitische Gemeinde ein ansehnliches Denkmal gesetzt.

Wo die mittelalterliche Synagoge Oberwesels stand, ist noch nicht erforscht. Sie muß bei der großen Judengemeinde jedoch ein bedeutender Bau gewesen sein.

Die letzten in Oberwesel lebenden Juden wurden am 27. Juli 1942 deportiert. Die Synagoge wurde 1957 umgebaut und beherbergte bis 1974 die Polizeibehörde. Heute wird sie als Wohngebäude genutzt.

Nachdem 1689 sowohl das „obere" als auch das „untere" Rathaus von den Truppen Ludwigs XIV. niedergebrannt worden war, errichteten die Oberweseler Bürger um 1700 auf der rheinseitigen Stadtmauer in Höhe der Rustgasse das heute so bezeichnete *Alte Rathaus.*

In der Nacht vom 4. auf den 5. Dezember 1850 brannte das Fachwerkgebäude nieder. Die Zeichnung entstand nach einer um 1840 von Carl Frommel gefertigten Lithographie.

Das Markttor wurde erst 1854 in Höhe des Marktplatzes gebrochen. Vorher gab es ein Tor einige Meter weiter nördlich.

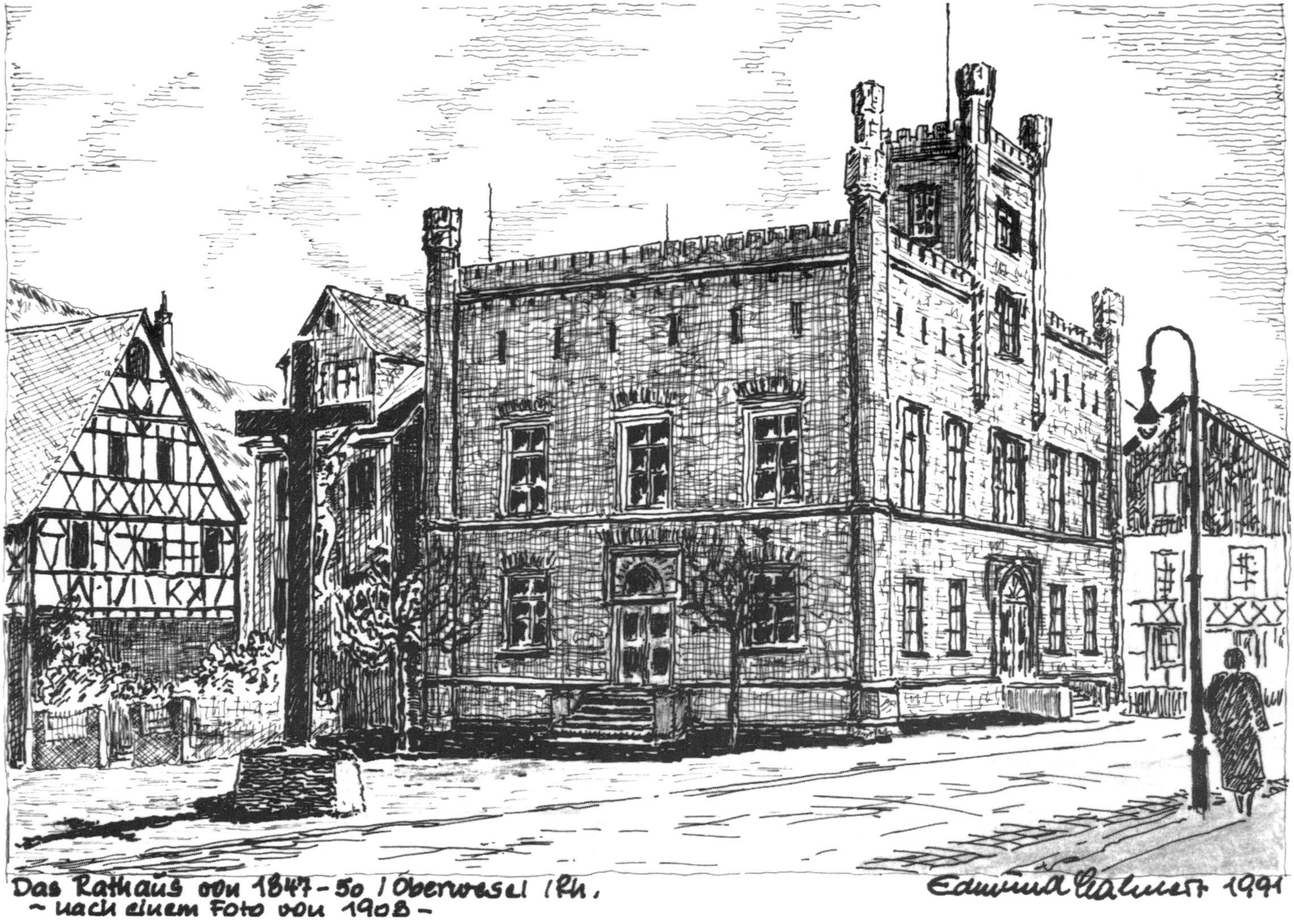

Von 1847 bis 1850 wurde unter dem Kreisbaumeister Stratmann das jetzige *Rathaus* im romantisierenden Klassizismus mit Zinnen und Ecktürmchen erbaut. Die als roh empfundene Architektur erfuhr 1926/27 eine Umgestaltung im „Heimatstil" nach Plänen des Provinzialbaurates Theodor Wildemann aus Bonn.

Links eine Seitenansicht des Hotel-Restaurants „Weinhaus Weiler". Das Fachwerkhaus (datiert auf 1552) gehört zu den ältesten seiner Art in Oberwesel. Die Rathausstraße hieß zwischen Marktplatz und Schaarplatz bis 1889 „Auf dem Brand".

Das alte *Marktkreuz* aus dem Jahr 1606 nach einem Foto vor dem Brand der beiden linken Häuser im Jahr 1907.

Es erinnert an die ehemalige Mauritiuskirche und somit an die 200jährige Zugehörigkeit Oberwesels zum Erzstift Magdeburg.

Nachdem man das Kreuz 1939 entfernt hatte, wurde es auf Initiative der Kolpingsfamilie Oberwesel und des Bundes der Deutschen Katholischen Jugend am 27. Juni 1948 neu errichtet, wobei es sich bis auf den monolithischen Sockel um eine Nachbildung des Originals handelt.

Das Bruchsteinhaus (Fahrschule, davor Stadtkasse Eschbaum) hinter dem Marktkreuz (Rathausstraße Nr. 8) wurde 1964 zum Bau der Kreissparkasse abgerissen.

Die Rathausstraße hieß zwischen Marktplatz und Pliersgasse bis 1889 „Frau Basengasse" oder „Neugasse".

Mit ihren Fassaden nehmen die 1979 bis 1981 errichteten *Häuser am Markt* Nr. 3 und 5 (rechts) die Formen der Fachwerkhäuser aus dem 18. Jahrhundert auf, die hier früher standen. (Zeichnung von 1977 vor dem Abriß dieser Gebäude, an deren Stelle die Volksbank entstand.)

Links das Fachwerkhaus Hotel-Restaurant „Römerkrug", Marktplatz Nr. 1, das noch barocke Korbgitter vor den Fenstern des Erdgeschosses hat.

Auf dem Marktplatz selbst finden wir heute noch inmitten des Kopfsteinpflasters ein altes Hufeisen. Nach einer Sage soll hier der Teufel aus Wut über die List eines alten Winzers, der ihn um ein Faß Wein betrogen hatte, mit seinem Pferdefuß aufgestoßen und dabei sein Hufeisen verloren haben. Dielhelm berichtet dagegen 1776 in seinem „Denkwürdigen Rheinischen Antiquarius", den Fremden würden hier die Fußstapfen vom Pferd des hl. Hubertus gezeigt. Andere behaupten, das Hufeisen erinnere an die Opferstätte der ehemals keltischen Siedlung „Vosolvia", wo man Pferdeopfer dargebracht habe.

Der Marktplatz bildet auch eine imposante Kulisse für den alljährlich am zweiten Septemberwochenende gefeierten Oberweseler Weinmarkt (erstmals 1935) und den seit 1985 stattfindenden Weihnachtsmarkt.

Oberwesel am Rhein
Alte Häuser am Markt 1977

Die *Münzgasse* trägt ihren Namen zur Erinnerung an eine kurtrierische Münzstätte in Oberwesel, in der im 14. und 15. Jahrhundert Goldgulden, Weißpfennige und Schillinge geprägt wurden. Nachprägungen dieser Münzen sind in der Eingangshalle der Volksbank, Marktplatz Nr. 3 und 5, zu besichtigen.

Bereits vor 1370 erhielt Wesel als Landstadt des Erzstifts Trier das Münzrecht. Bis zum Ende des Mittelalters wurden hier neben den Münzstätten Koblenz, Rhens, Trier, Deutz und Offenbach verschiedene Typen von *Münzen* geprägt.

Vorderseite des Goldguldens (Noss 327)

Rückseite

Die hier abgebildete Münze ist ein *Goldgulden* (Noss 327) aus der Zeit zwischen 1404 und 1407. Die Vorderseite zeigt die Kniefigur des Petrus mit Schlüssel zwischen zwei Türmen. Zu seinen Füßen befindet sich das Wappen von Münzenberg. Die Umschrift lautet:

> WERNER(VS) · AR(CHI)EP(ISCOPVS) · TR(EVERIS) = Werner [von Falkenstein, 1388– 1418], Erzbischof von Trier.

Auf der Rückseite ist ein Dreipaß mit dem Doppelwappen von Trier-Münzenberg. Der Text der Umschrift lautet:

> MONETA · NOVA · WESALIENS(IS) = neues Weseler Geld.

Vorderseite des
Goldguldens
(Noss 352)

Rückseite

Auch die zweite Münze ist ein *Goldgulden* (Noss 352; Prägezeitraum 1410–1414) aus der Regierungszeit Werners von Falkenstein. Sie zeigt ein Bildnis von Johannes dem Täufer mit Kreuzstab. Text der Umschrift:

WERNER(VS) · AR(CHI)EP(ISCOPVS) ·
TRE(VERIS) = Werner, Erzbischof von Trier.

Auf der Rückseite ist inmitten eines Dreipasses das Wappen von Trier-Münzenberg eingeprägt. Die kleinen Wäppchen links und rechts davon sind das Familienwappen der Münzenberger und das der Bolander. Die Legende lautet:

MONETA · NOVA · WESAL(IENSIS) =
neues Weseler Geld.

Vorderseite des
Blankens
(Noss 515)

Rückseite

Schließlich ein *Blanken* (Groschen; Noss 515), eine sehr seltene Silbermünze aus der Zeit um 1470. Sie zeigt ein Kniebild des Petrus mit Schlüssel. Zu erkennen sind außerdem die Wappen von Trier und Baden. Text der Umschrift:

IOHANNES · ARCHIEP(I)S(COPVS) ·
TREVER(I)S = Johannes [Johann II. von Baden, 1456–1503], Erzbischof von Trier.

Die Rückseite der Münze zeigt ein Kreuz, über dem sich das Wappen der Markgrafen von Baden befindet. Die Umschrift:

AVXILIVM · MEVM · A · DOMINO //
GROS(S)VS · WESALI(ENSIS) = mein Beistand [kommt] von Gott // Weseler Groschen.

Historisches Backhaus in der Münzgasse (bis 1889 Schwanengasse).

Gebäudeteil von 1659, der heute ein „Bäckereimuseum" mit Backofen und Backeinrichtungen von 1885 beherbergt.

Der *Augsthalertorbogen* erinnert noch heute an die Drangsale, die die Stadt zur Zeit des 30jährigen Krieges durch die Schweden zu erleiden hatte.

Die lateinische Umschrift lautet übersetzt: „Nachdem ich 100 Jahre durch die Schweden in Asche gelegen habe, bin ich durch Martin Augsthaler 1719 wieder aufgebaut worden."

Martin Augsthaler war von 1727 bis 1737 Kanoniker (Stiftsherr) am Liebfrauenstift.

Das angrenzende, nicht in der Straßenflucht stehende Haus Rathausstraße Nr. 18 zeugt von der unregelmäßigen Bebauung Oberwesels vor Anlegung der Provinzialstraße 1828. Es bleibt zu hoffen, daß der Hausbesitzer den Augsthalertorbogen als Bau- und Kunstdenkmal vor dem Zerfall schützt.

AUGSTHALER BOGEN

Das *Gasthaus „Zum kühlen Grund"* (links, Koblenzer Str. Nr. 28) wurde zum Bau des fünfstöckigen Bettentraktes des Oberweseler Krankenhauses von der Stadt Oberwesel im Jahr 1964 angekauft und 1969 abgerissen. Im Hintergrund rechts die Gartenansicht des alten Hospitalgebäudes. (Die Zeichnung ist nach einer alten Postkarte um 1930 entstanden.)

Der *Hospitalgassenturm.*

Die Mauer entlang der Rheinfront mag vom Ende des 12. Jahrhunderts stammen. In der ersten Hälfte des 14. Jahrhunderts machte sich das Bedürfnis geltend, die gleichmäßigen Mauerstrecken der Kernstadt durch Türme zu verstärken. Sie wurden auf die Mauer aufgesetzt und bestanden nur zur Feldseite aus Bruchsteinmauerwerk, zur Stadtseite hin waren sie meistens nicht massiv geschlossen.

Die Hospitalgasse wurde auch „Gähgasse" genannt.

Die Wernerstraße hieß bis 1889 „Unterstraße".

Das 1953 abgerissene
alte Hospitalgebäude
in der Wernerstraße
war zuletzt als Altersheim
genutzt worden.

Das *alte Hospitalgebäude* (links neben der Wernerkapelle) wurde 1953 abgerissen.

Das heutige Krankenhaus (Erweiterungsbauten 1932/33, 1949–51, 1953/54, 1969–71 und 1987–91) befindet sich an der Stelle des um 1290 gegründeten Spitals „Zum hl. Geist".

Die Franziskanerinnen aus Waldbreitbach betreuen das Krankenhaus seit 1884 mit Ausnahme des Zeitraums von 1972 bis 1985.

St. Werner nach einer Zeichnung von B. Ubbelohde um 1910

Die *Wernerkapelle* ist um 1290 erbaut.

Die zu Unrecht Juden angelastete Ermordung eines Knaben mit Namen Werner gab 1287 den Anlaß zu einer schrecklichen Judenverfolgung in den gesamten Rheinlanden. Allein in Oberwesel und Boppard wurden 40 Juden erschlagen.

Bis zu seiner Streichung aus dem Trierer Festkalender im Jahre 1963 wurde Werner in Oberwesel als Heiliger verehrt, und zwar mit einer feierlichen Prozession, die jedes Jahr am Sonntag nach dem 19. April durch die Straßen der Stadt zog.

1689 wurde die Hospitalkirche durch den von Truppen Ludwigs XIV. gelegten Brand fast vollständig zerstört. Den Chor bzw. dessen Überreste versah man um 1700 mit einer Barockhaube, das Hauptschiff der Kirche wurde nicht mehr aufgebaut und teilweise erst in diesem Jahrhundert abgerissen. Die zierliche Kapelle aus dem 13. Jahrhundert ist in ihrer Eigenart wesentlich durch das Aufsetzen auf die damals erst einige Jahrzehnte alte Stadtmauer bestimmt – sicherlich ein künstlerisches Streben, die Kapelle so in der Rheinfront möglichst gut zur Geltung zu bringen, um dadurch zur Belebung des gesamten Stadtbildes beizutragen. Das Gewölbe der Durchfahrt ist vermutlich älter als der aufstehende Chor.

Rechts im Bild ein Türmchen, neben dem das Tor des von-der-Leyenschen Hofs erhalten ist. 1929 kaufte die Stadt Oberwesel von der Winzerfamilie D'Avis für 63 000 Mark das Anwesen neben der Wernerkapelle. Das 1932/33 darauf errichtete Krankenhaus und der große Gewölbekeller des ehemaligen Hofs wurden 1987 beim Bau des Krankenhauserweiterungstrakts eingerissen.

Die Zeichnung entstand nach einem Holzstich von R. Püttner von 1870. Anstelle der Stadtmauer zeigt die romantische Abbildung eine zur Wernerkapelle führende Treppe.

St. Wernerkapelle
Oberwesel
10.10.1982

Der *Steingassenturm* gehört wie der Hospitalgassenturm zu den Ergänzungsbauten der Stadtmauer vom Beginn des 14. Jahrhunderts.

Der Durchgang gegenüber der Langgasse, vormals Todtengasse und Postgasse (hier befand sich eine Poststation), wurde im 19. Jahrhundert gebrochen.

Blick durch die Steingasse (bis 1889 auch Plänchenstraße genannt) zum Turm der St.-Martins-Kirche.

Das *Fachwerkhaus* im Vordergrund, Steingasse Nr. 4, wurde im 17. Jahrhundert errichtet. Das ursprünglich auskragende obere Stockwerk wurde nachträglich untermauert.

Die Ummauerung der Altstadt führte hier vorbei zum Kölner-Tor-Turm. Die heutige Maueröffnung vor dem Hotel wurde von dem damaligen Inhaber Franz Fey in der Neujahrsnacht 1900 durch eine Sprengung herbeigeführt.

Das *Hotel „Goldner Pfropfenzieher"*, Am Plan 1, war im 19. Jahrhundert ein Treffpunkt der Romantiker, unter ihnen auch der Düsseldorfer Maler Adolf Schroedter, der in seinen ironischen Bildern die romantische Rhein- und Weinseligkeit seiner Freunde karikierte.

Hier sang am 17. August 1843 Heinrich Hoffmann von Fallersleben zum erstenmal im Westen Deutschlands sein „Deutschlandlied", das nicht nationalistisch gemeint, sondern gegen die damalige Kleinstaaterei gerichtet war und die kulturelle Zusammengehörigkeit der deutschsprachigen Länder betonte. Heute würde Hoffmann dichten: „Du, Europa, über alles, [...] vom Ural bis Gibraltar". Eine Aussage, die am „geschichtsträchtigen" Rhein ebenfalls ihre Berechtigung hat.

Der „Goldne Pfropfenzieher" hat innen und außen vieles von der damaligen Rheinbegeisterung bewahrt und ist somit selber ein Denkmal, das heute eine Reise lohnen kann. Um so mehr ist zu hoffen, daß er auch in Zukunft im Bewußtsein vergangener Tage erhalten und geführt wird, als eine unverwechselbare Stätte von Gastlichkeit und Kultur.

Oberwesel/Rhein „Hotel Goldner Pfropfenzieher“ Edmund [illegible] 29.3.1983

Oberwesel / Rhein
Ochsenturm mit Katzenturm

10. 8. 1984

Im Zuge der Ummauerung der nördlichen Vorstadt wurden der *Katzenturm* und der *Ochsenturm* (um 1400) errichtet. Seit 1858/59 verläuft zwischen ihnen der Bahndamm.

Mit seiner charakteristischen Butterfaßform, dem achteckigen Turmaufsatz sowie seiner exponierten Lage an der Nordspitze der Stadt wurde der Ochsenturm zu einem Wahrzeichen von Oberwesel. Leider trennt ihn heute die 1957/58 gebaute Umgehungsstraße vom Rhein. Zwischen 1929/30 und 1972 befand sich in dem 37 Meter hohen, siebengeschossigen Rundturm eine Wahrschaustation, von der aus – zunächst mit Flaggensignalen – der Schiffsverkehr auf dem Rhein geregelt wurde.

Seit 1972 gibt es eine moderne, mit Lichtsignalen ausgestattete Wahrschaueinrichtung direkt am Rheinufer (1991 erweitert), deren Einpassung in die Landschaft Wünsche offenläßt.

Der Katzenturm, heute im Besitz der Stadt Oberwesel, wurde 1865 von dem französischen Botschafter Graf de Reiset als Wohnung ausgebaut und ist auch gegenwärtig noch bewohnt.

Die Reste eines heute leider vollständig mit Efeu überwachsenen *Mauerturms* im Verlauf der nördlichen Stadtummauerung am „Rosengängelchen" ergeben mit dem Ochsenturm und dem Roßstein auf der anderen Seite des Rheins ein typisches und häufig dargestelltes Motiv der sogenannten Rheinromantik.

Der Stadtgraben nördlich der Mauer wurde im 19. und 20. Jahrhundert verfüllt.

Der *Koblenzer-Tor-Turm* (erbaut um 1400 – früher auch Königsturm genannt) schützte den nördlichen Ausgang der Stadt nach deren Erweiterung in Richtung St. Goar. Über den vor der Mauer angelegten Stadtgraben führte eine Brücke.

Beim Bau der neuen Straße nach Urbar 1932/33 wurde der Torbogen leider teilweise zugeschüttet und der links daneben befindliche städtische Stierstall abgerissen.

Die außen angebrachten hakenförmigen Führungssteine des Fallgatters sind nur noch zum Teil erhalten.

Der *Felsenturm* (erbaut um 1400) steht auf der nördlichen Stadtumwehrung gegen den steilen Berghang an der heutigen Straße nach Niederburg.

Der *Niederburger-Tor-Turm* (14. Jahrhundert) – nur noch in Resten vorhanden – sicherte den höchsten Punkt der Vorstadt „Niederburg". Von hier aus fiel die Stadtmauer steil zum Niederbachtal hin ab.

Durch diesen Turm führte, vorbei am „Kloppchen", im Mittelalter der Weg nach Urbar und Niederburg. Deutlich erkennt man noch die Spurrillen der Wagenräder, die sich im Laufe der Jahrhunderte im Fels abgezeichnet haben.

Diese alte, steil auf die Höhe führende „Heerstraße" stößt im St. Goarer Stadtwald auf die ebenfalls alte Straße von St. Goar nach Trier und bildete so den nördlichen Anschluß Oberwesels an die in römischer Zeit zwischen Bingen und Koblenz verlaufende Höhenstraße.

Der 1987 im ersten Abschnitt eingerichtete *Romantische Weinlehrpfad,* der am Königsweg (der alten Römerstraße auf den Hunsrück) beginnt, überquert hier die Fahrstraße und erreicht über die Treppe am alten Urbarer Ellig die Weinbergslage „St. Martinsberg".

Am Beginn erwarten den Weinlehrpfad-Besucher Darstellungen sogenannter „Weinheiliger" auf Schiefertafeln.

In der Vergangenheit erfuhren diese Heiligen (wie zum Teil auch heute noch) in Oberwesel und seiner näheren Umgebung eine besondere Verehrung, da man sich von ihnen – vor allem was den Weinanbau betraf – Schutz und Beistand versprach.

Der *Kölner-Tor-Turm* (erbaut im 14. Jahrhundert) ist der älteste Stadtausgang an der Trasse der früheren Römerstraße nach Norden. Der Niederbach diente bis zur Ummauerung der Vorstadt als Stadtgraben. (Ansicht von der Stadtseite auf Seite 71.)

Die erst in unserem Jahrhundert völlig verwitterte *Barockgrabplatte einer Äbtissin* († 1637) am Kölner-Tor-Turm erinnert an das ehemalige Zisterzienserinnenkloster „Allerheiligen", das seit etwa 1260 in dem Geländewinkel lag, der vom Niederbach und dem Königsweg gebildet wird. Durch eine Feuersbrunst im Jahr 1802 wurde das Kloster zerstört und nach einem abermaligen Brand (1825) bis auf die Grundmauern abgebrochen.

An seine Existenz erinnert noch der Name „Nonnenmühle" einer ehemaligen Mahlanlage in der Koblenzer Straße Nr. 52 (neben dem Hotel „Goldner Pfropfenzieher"), die bis 1921 unter Johann Weinert in Betrieb war.

Auch die nahegelegene Heiligengasse (früher Allerheiligengasse), die in Richtung Rhein führt, weist auf das Kloster hin.

Foto: Wilhelm Hermann, Buchbindermeister, Oberwesel, um 1910.

Der *Mühlenturm* über der Niederbachstraße (erbaut um 1400 – früher auch Kröckenpforte genannt) sicherte die Stadt gegen das Niederbachtal hin ab.

Hier beginnt der Fuß- und Radweg durch das Niederbachtal, vorbei an mehreren alten Mühlen. Ursprünglich waren es 14 Mühlen, von denen die letzte 1972 geschlossen wurde.

Direkt neben dem Mühlenturm steht die Mühle des früheren Minoritenklosters (heute nach ihrem letzten Besitzer Lambrichs Mühle genannt), die bis 1916 mit Mahlsteinen und bis 1958 mit Walzenstühlen arbeitete.

Der *Kölner-Tor-Turm* wurde 1953 erstmals restauriert und durch den Einbau von drei Fachwerkgeschossen als Wohnung nutzbar gemacht.

1987 erfuhr der Einbau zur Stadtseite hin eine Veränderung.

Die Kölner-Turm-Gasse hieß vor 1889 „Plangasse" und „Auf dem Plan".

Das *katholische Pfarrhaus,* Martinsberg Nr. 1, erhebt sich an der Stelle des Propsteihauses und der Dechanei von St. Martin. Diese beherrschende Stelle war spätestens im 13. Jahrhundert bebaut. Man vermutet hier den Ort des für Oberwesel bezeugten merowingisch-karolingischen Königshofes.

Die Stiftserhebung von 1303 führte wahrscheinlich zum Neubau der *St.-Martins-Kirche.* Hoch über der scharfen Rheinbiegung bestimmt sie eindrucksvoll das Stadtbild.

Lage und Patrozinium weisen auf eine Kapelle des königlichen Hofgutes als Vorgängerin hin.

Die dreischiffig geplante Kirche erhielt erst Anfang des 16. Jahrhunderts an ihrer Nordseite ein Seitenschiff. Der Anbau eines südlichen Seitenschiffs wurde nicht ausgeführt. Der wuchtige, burgartige Westturm mit dem achteckigen Obergeschoß (wohl noch im 14. Jahrhundert begonnen, Ausbau Mitte des 15. Jahrhunderts) wurde weder vollendet, noch besitzt er einen Helm, dafür jedoch als Kuriosum ein sogenanntes Kraterdach.

Am Fuße der St.-Martins-Kirche baute die katholische Kirchengemeinde auf Betreiben des Ehrenbürgers Pfarrer Rudolf Wies 1923/24 mit finanzieller Unterstützung durch staatliche Mittel (sog. „Cuno-Gelder") das *Katholische Jugendheim.*

Während der Nazizeit war das Heim zu einer „Stadthalle" und zu einem Kindergarten umfunktioniert worden. 1963/64 erfuhr das Jugendheim eine Neugestaltung, wobei freiwillige Helfer der Kolpingsfamilie unentgeltlich mehr als 4700 Arbeitsstunden aufwendeten.

Seine Räume werden für die unterschiedlichsten Veranstaltungen genutzt.

Die Treppe zwischen St.-Martins-Kirche und Steingasse heißt seit 1889 „Martinstreppe" oder wird auch „Steintreppe" genannt.

Das 1625 erbaute ehemalige *Küsterhäuschen* an St. Martin, Martinsberg Nr. 3, wurde 1983 liebevoll restauriert.

Im Hintergrund der 1984 ausgebaute Michelfeldturm I, der seitdem mit einer mißglückten Imitation eines auskragenden „Wehrgangs" versehen ist.

Das *Martinstor* bildet den Eingang zum Friedhofsbereich an der St.-Martins-Kirche. Die Figuren üb
Torbogen wurden von Oberweseler Bürgern liebevoll restauriert und 1990 wieder aufgestellt.

Der *Michelfeldturm I* (er hat seinen Namen von der Flurbezeichnung des angrenzenden Berghangs) wurde 1984 ausgebaut, wodurch er seinen wehrhaften Charakter verlor.

Der *Michelfeldturm II* läßt sich, wie die gesamte Bergseite der Stadtmauer, auf einem Spazierweg erwandern. Der Stadtgraben, auch Schützengraben genannt, war ursprünglich natürlich tiefer. Im Hintergrund der bereits ausgebaute Michelfeldturm I. Die charakteristischen Ausbrüche in der Stadtmauer jeweils neben den Türmen sind auf die nachträgliche Erhöhung der Mauer im 15. Jahrhundert zurückzuführen. Dabei wurden die zu den Türmen führenden Treppen aus der Mauerstärke ausgespart, die Ursache dafür, daß im Laufe der Zeit die an die Türme anstoßenden Mauerpartien ausgebrochen sind.

Der Kuhhirtenturm.

Bei seiner dringend notwendigen Sanierung in den Jahren 1983/84 wurde der Turm (Zeichnung von 1981) zu Wohnzwecken ausgebaut und der Turmhelm baulich stark verändert.

Vom Michelfeld aus sind die Wohnräume des Kuhhirtenturms seit September 1984 über eine Zugbrücke erreichbar. (Ansicht von der Stadtseite auf Seite 92.)

Vor dem Hintergrund von Schönburg und Liebfrauenkirche präsentiert sich besonders eindrucksvoll die Ruine des halbrunden *Pulverturms,* die gleichwohl einer baulichen Sicherung bedürfte.

1843 bis 1845 entstand die *Kalvarienbergkapelle* oberhalb des Michelfelds. Zu ihr führt, ausgehend von der Evangelischen Kirche in der Chablis-Straße, ein zur gleichen Zeit entstandener Kreuzweg mit 14 Stationen.

Die alljährlich sowohl am Passionssonntag als auch am Sonntag nach Kreuzerhöhung durchgeführten Kalvarienbergprozessionen lassen sich bis in das Jahr 1728 zurückverfolgen.

Die *Evangelische Kirche,* im Oberbachtal an der Chablis-Straße gelegen, wurde am 15. Mai 1899 durch den rheinischen Generalsuperintendenten Valentin Umbeck und den St. Goarer Pfarrer und Superintendenten der Synode Koblenz, Hermann Rehmann, eingeweiht.

Für Zeichnung und Bauleitung war Baumeister A. Heins, Boppard, verantwortlich; die Bänke, Kanzel und der Altar usw. waren von Kuntzsch, Werningerode a. Harz; die Glaserarbeiten von H. Oidtmann, Linnich; die Wanddekorationen von Bayerle, Koblenz, und die Glocke von Andr. Hamm, Kaiserslautern.

Die Kirche der damals rund 100 evangelischen Oberweseler war bis in die dreißiger Jahre Privatbesitz der Familie von Osterroth. Der Gutsbesitzer Arthur von Osterroth hatte die Kirche bauen lassen, weil seine zwei Söhne ins Konfirmandenalter kamen. Sie wurden bei der Einweihung konfirmiert. Bei der Nachfeier überreichte der Generalsuperintendent im Auftrag des deutschen Kaisers und Königs von Preußen dem Bauherrn der Kirche den „Rothen Adler-Orden IV. Klasse".

Die Oberweseler Evangelische Kirche ist ein schönes Beispiel neugotischer Architektur der Jahrhundertwende. Die Evangelischen aus Oberwesel und den umliegenden Gemeinden gehören heute zur Kirchengemeinde St. Goar; es sind etwa 600 Gemeindeglieder.

Evangel. Kirche in Oberwesel

In der Holzgasse Nr. 4/Ecke Chablis-Straße steht ein in den Jahren 1983 bis 1989 restauriertes *Fachwerkhaus* aus dem 16. Jahrhundert, dessen Erker 1986 nach alten Vorlagen rekonstruiert wurde.

Die Quergassen der Holzgasse heißen: Momering-Gäßchen (auch „Tralleratrepp" genannt), Weilersgäßchen, Springgäßchen, Kirchstraße, Entenquak und Weythgasse.

Zwischen Kirchstraße und Liebfrauenstraße hieß die Holzgasse bis 1830 „Rosengasse".

In den Jahren 1978/79 denkmalgerecht renovierte *Geschäfts- und Wohnhäuser* in der Chablis-Straße Nr. 4 und 6, gegenüber der sogenannten *„Alten Mühle"*.

Am 16. Juli 1972 wurde die Simmerner Straße in Chablis-Straße umbenannt als Ausdruck der im August 1961 ins Leben gerufenen Städtepartnerschaft zwischen Oberwesel und Chablis. Innerhalb des Landes Rheinland-Pfalz war Oberwesel der vierte Ort mit einer burgundischen Partnerstadt.

Links die sogenannte *„Alte Mühle"*, Chablis-Straße Nr. 9. Als einzige Mühle am Oberbach innerhalb der Stadtmauer war sie bis zum Tod des Müllers Heinrich Peil im Jahr 1902 in Betrieb (danach bis 1960 Bäckerei). Über einem massiven verputzten Erdgeschoß liegen zwei Fachwerkgeschosse, die 1977/78 mit einer Fachwerk imitierenden Verkleidung verblendet wurden, so daß die eigentliche Konstruktion nicht sichtbar ist. Nachdem im Sommer 1990 der Dachstuhl abbrannte, wurde die Diskothek und Gaststätte „Alte Mühle" im Erdgeschoß nicht mehr weitergeführt und das Haus an die Stadt Oberwesel zur Sanierung verkauft.

Rechts im Bild ein Fachwerkhaus von 1624. Bei der Restaurierung 1964 wurde der Putz entfernt und das Fachwerk erneuert. Ein Fußpfad (Bildmitte) führt von hier über den Rasselberg zum Minoritenkloster.

Das *Bußkreuz* an der abgeschrägten Ecke von der Oberstraße zur Bußgasse, eine große überdachte Mauernische mit einer barocken Kreuzigungsgruppe des 17. Jahrhunderts, hat als einziger Teil des Minoritenklosters den Brand von 1836 überdauert.

Die *Ruine der Minoritenkirche*, eine bei den Bettelorden übliche zweischiffige Kirche vom Anfang des 14. Jahrhunderts, erinnert an das bereits 1246 bezeugte Kloster. Es ist eine der ältesten rheinischen Niederlassungen der Franziskaner-Minoriten. Nach dem Brand von 1836 wurden in die Ruinen Wohnhäuser gebaut.

Das mit „Klosterkeller" bezeichnete *Portal* an der Oberstraße war der Eingang zur Sakristei der Klosterkirche. Der eigentliche Eingang zu dem Minoritenkloster führte durch den davor liegenden sogenannten „Schellenbogen" (Eingang mit einer Glocke).

Am 4. August 1802 wurde das Kloster aufgehoben und am 15. November 1803 für 4000 franz. Francs verkauft. Am 19. Oktober 1836 brannten die Klosterkirche und die angrenzenden Gebäude ab.

Eingang zum Weingut Ernst Castor, ehemals *Kurfürstlich-Trierische Hofkellerei,* Oberstraße Nr. 13. Die Chronik der Stadt berichtet 1845 von einem Brand dieses Hauses, das damals der Witwe von Bürgermeister J. Hörter gehörte.

Das Wohnhaus rechts, Heumarkt Nr. 8, wurde im September 1991 abgerissen.

Vor dem *Kuhhirtenturm* (Stadtseite, Bauzustand vor 1982) liegt das Weingut Castor. In ihm – wie in mehreren Häusern entlang der alten Römerstraße – gibt es mittelalterliche Gewölbekeller.

Der Kuhhirtenturm wurde vermutlich im 18. Jahrhundert an seiner Rückseite verschlossen und erhielt dabei auch eine Brandglocke und eine Uhr.

Die kleine Abbildung zeigt den Bauzustand des Kuhhirtenturms nach dem Ausbau 1983/84.

Das *Gasthaus Jansen*, vormals Gasthaus „Zum Anker", wurde, nachdem es 1982 den Besitzer gewechselt hatte (Gasthaus „Am Heumarkt") und seit 1987 leerstand, im September 1991 zum Bau eines Lebensmittelmarktes abgerissen. Den Baggerschaufeln zum Opfer fiel dabei auch das denkmalgeschützte Vorderhaus aus Bruchstein, ohne daß dafür eine Abbruchgenehmigung vorlag. Außerdem wurden bei dieser „städtebaulichen Maßnahme" zwei mittelalterliche Keller eingeebnet, und zwar wiederum ohne vorherige Bauaufnahme.

Fachwerkhäuser am Heumarkt Nr. 15 und 17. Wie fast alle Fachwerkhäuser der Stadt war auch das Haus Nr. 15 vor seiner Renovierung im Jahr 1979 verputzt.

Der *Zugang zur Kirche* war für den Gottesdienstbesucher bei den Franziskaner-Minoriten an der Bußgasse, die vor 1889 „Pater-Kirch-Gasse" sowie auch „Marktgäßchen" hieß.

1834 bis 1840 wurde nach Plänen des Bauinspektors Ferdinand Nebel im klassizistischen Stil die *Knabenschule,* Liebfrauenstraße Nr. 29, errichtet. Mit ihrer strengen Gliederung war sie einer der Pionierbauten des Klassizismus am Mittelrhein.

Ob der an der Kirchstraße stehende *Gelbe Turm*, auch „Villa nova" genannt, vor seinem Umbau um 1860 tatsächlich so pittoresk aussah, wie es ein Holzstich zeigt, wissen wir nicht. Die Zinnen und Wichhäuschen sind jedenfalls eine Zutat der Rheinromantik des 19. Jahrhunderts. Im hohen Mittelalter befand sich an der Außenseite des Torturms (südlicher Stadtausgang der Römerstraße) mit einiger Sicherheit eine Zugbrücke. Als die Vorstadt Kirbelhusen (Kirbel = Kirchspiel) 1448 ummauert wurde, führte man die Straße über zwei feste Bogen.

Das Bild entstand 1986, als die Bogen noch frei zu sehen waren. Sie bilden heute einen Teil der Rückwand des sogenannten Busbahnhofs (Liebfrauenstraße Nr. 23–27). Dieser und der auf die Plattform gesetzte Kindergarten sind besonders auffällige Bauten des letzten Jahrzehnts.

Vor 1889 hieß die Kirchstraße von der Liebfrauenkirche bis zum Gelben Turm „Obere Kirchgasse" und von dort bis zum Schaarplatz „Vierhellergasse".

Die *Mädchenschule,* Kirchstraße Nr. 39, entstand 1906/07 nach Plänen des Kreisbaumeisters Friedrich Danzenbächer. Als Alternative zu einer Aufstockung der bestehenden Knabenschule entschied sich der Baumeister für diesen Neubau, dessen konsequente Gestaltung durch unmaßstäbliche Anbauten bedroht ist.

Das *Kanonikerhaus* in der Kirchstraße Nr. 18, das 1985/86 restauriert wurde, stammt aus dem 16. Jahrhundert (Zeichnung von 1948). Es war das Wohnhaus eines Stiftsherren an Liebfrauen. Das Liebfrauenstift – wie auch das Stift an St. Martin – war ein Kollegiatstift, eine Gemeinschaft von Weltgeistlichen, die ihre eigenen Häuser in der Stadt hatten.

Der ehemalige Gewölbe-Weinkeller und andere interessante Teile des Hauses, in denen sich seit 1986 die „Historische Weinwirtschaft" befindet, lassen sich besichtigen (Eingang von Liebfrauenstraße Nr. 17).

Die abgebildete *Burgwegpforte* der Stadtmauer liegt auf einem Felsgrat über einer Treppe zum Engehöller Tal.

Neben dem 1922 nach einem Entwurf der rheinischen Denkmalpflege gebauten Transformatorenturm führt der Burgweg über die sogenannte „Elfenley" zur Schönburg.

Hertzners Mühle, vormals Hollbachs Mühle, Chablis-Straße Nr. 65, war bis kurz vor dem ersten Weltkrieg als Getreidemühle in Betrieb. Sie wurde im späten 18. Jahrhundert unter Verwendung eines älteren Fenstergewändes mit Masken und Voluten (um 1600) errichtet und 1910 völlig umgebaut. Nachdem das Gebäude über mehrere Jahre völlig zu verfallen drohte, begann man auf Initiative örtlicher Freunde der Denkmalpflege 1991 mit der umfassenden Restaurierung dieser Anlage.

Wappen der Schönburger

Die zeitweise angesehenere Linie der Schönburger führte 6 (3 : 2 : 1) Schildchen in ihrem Wappen, meist rot auf Gold, daneben auch schwarz auf Weiß oder silber auf Rot.

Dieses Wappen der Schönburger ist das älteste in einem erhaltenen Siegel belegte (1213), was aber nicht besagt, daß es das älteste überhaupt bzw. die Urform ist.

Die Schönburger führten einen „Schild im Schilde". Heraldisch handelt es sich eigentlich um einen andersfarbigen „Bart" (Rahmen), der einen einfarbigen Schild umgibt – ein sehr altes Wappen also. Es ließ sich für die verschiedenen Linien und für Vasallenfamilien farblich variieren oder „vervielfältigen". Das Wappen mit einem Mittelschild wurde von mehreren Familienzweigen der Schönburger geführt. Der Mittelschild erscheint in wechselnder Tingierung sowohl rot auf Gold als auch schwarz auf Silber.

Seit 1239 wird im Schönburger Wappen der schwarze Mittelschild auf silbernem Grund mit einem goldenen Schildbeschlag in Form einer Lilienhaspel belegt. Es handelt sich hierbei um eine grafische Zutat ohne heraldische Bedeutung. Dies wurde später nicht mehr verstanden, und die Lilienhaspel verselbständigte sich. Sie heißt heraldisch besser „Glevenrad".

Das Bild von Oberwesel wäre unvollständig ohne die *Schönburg.* Aus dem Oberbachtal (Engehöll) betrachtet, wirkt die Schönburg fast noch imposanter als vom Rhein aus. Ihr Kern stammt aus dem 12. Jahrhundert. Erstmals ist die „*Sconenburg*" 1149 in einer Chronik erwähnt, sie ist aber sicher viel älter.

Der älteste Teil der Schönburg liegt auf dem nördlichen Felssporn zur Stadt hin. Vom Bergrücken trennte die Burg bis zum 13. Jahrhundert ein natürlicher Graben, der später mit Hilfe einer Stützmauer zum Rhein hin verfüllt wurde und den heutigen mittleren Burghof bildet. Nördlich des Burghofs sind noch die Reste des ursprünglichen, fünfeckigen Bergfrieds zu sehen, der erst 1880 einstürzte. Auf älteren Grundmauern errichtet, stammen die übrigen Gebäude der nördlichen Burghälfte wohl aus dem 16. Jahrhundert.

Bereits im 13. Jahrhundert wurde auch der südliche Teil der Burg mit seinen zwei runden Bergfrieden gebaut und diente einem anderen Zweig der Schönburger Familie als Wohnung. Als sogenannte Ganerbenburg war die Schönburg Wohnsitz mehrerer verwandter Familien.

Zum Schutz der so erweiterten Burg wurde südlich von ihr ein neuer Halsgraben ausgehoben und zwischen 1320 und 1350 der mächtige *Hohe Mantel* gebaut.

1689 wurde die Burg von Truppen Ludwigs XIV. verwüstet und zerstört.

Oberwesel i Rhein - Schönburg -

Das Geschlecht der Schönburger starb 1719 im Mannesstamm aus. Seine letzten Vertreter wirkten in ganz Europa als Marschälle und Pairs (franz. Ehrentitel). In der weiblichen Linie lebte das Geschlecht der Schönburger unter dem Namen „Grafen von Degenfeld-Schonburg" weiter. Deren Sitz ist das Schloß Eybach bei Geislingen an der Steige.

Bis in das 19. Jahrhundert war die Schönburg dann Ruine und wurde teilweise als Steinbruch genutzt.

Um 1885 kaufte der deutschamerikanische Bankier T. J. Oakley Rhinelander die Burgruine, um sie teilweise auf- und auszubauen.

1950 erwarb sie die Stadt Oberwesel für 35 000 DM und ermöglichte dadurch den Ausbau des Nordteils der Burg zur „Internationalen Jugendburg – Kolpinghaus auf Schönburg" (Baubeginn 3. Oktober 1951). Nach Beendigung des ersten Bauabschnitts am 15. August 1953 wurde aufgrund der großen Besucherzahlen am 12. September 1960 neben dem Torturm mit dem zweiten Bauabschnitt begonnen, der am 15. August 1962 abgeschlossen war.

Der Nordbau erhielt 1976 ein Satteldach.

1987/88 erfolgte erneut ein größerer Um- und Anbau an der Rheinseite.

Schönburg (Ganerbenburg)
Oberwesel
2.7.1986

Lageplan der Schönburg

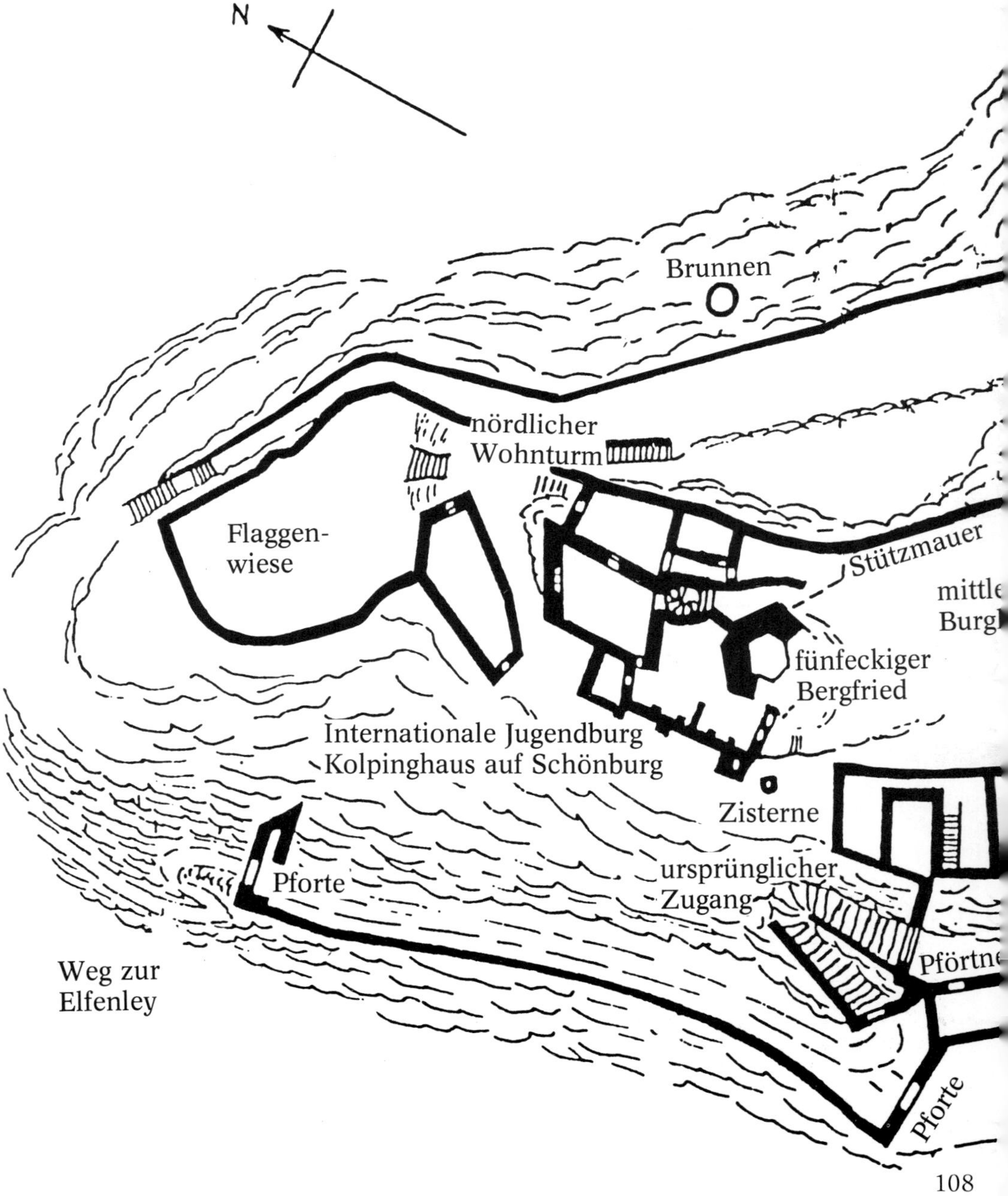

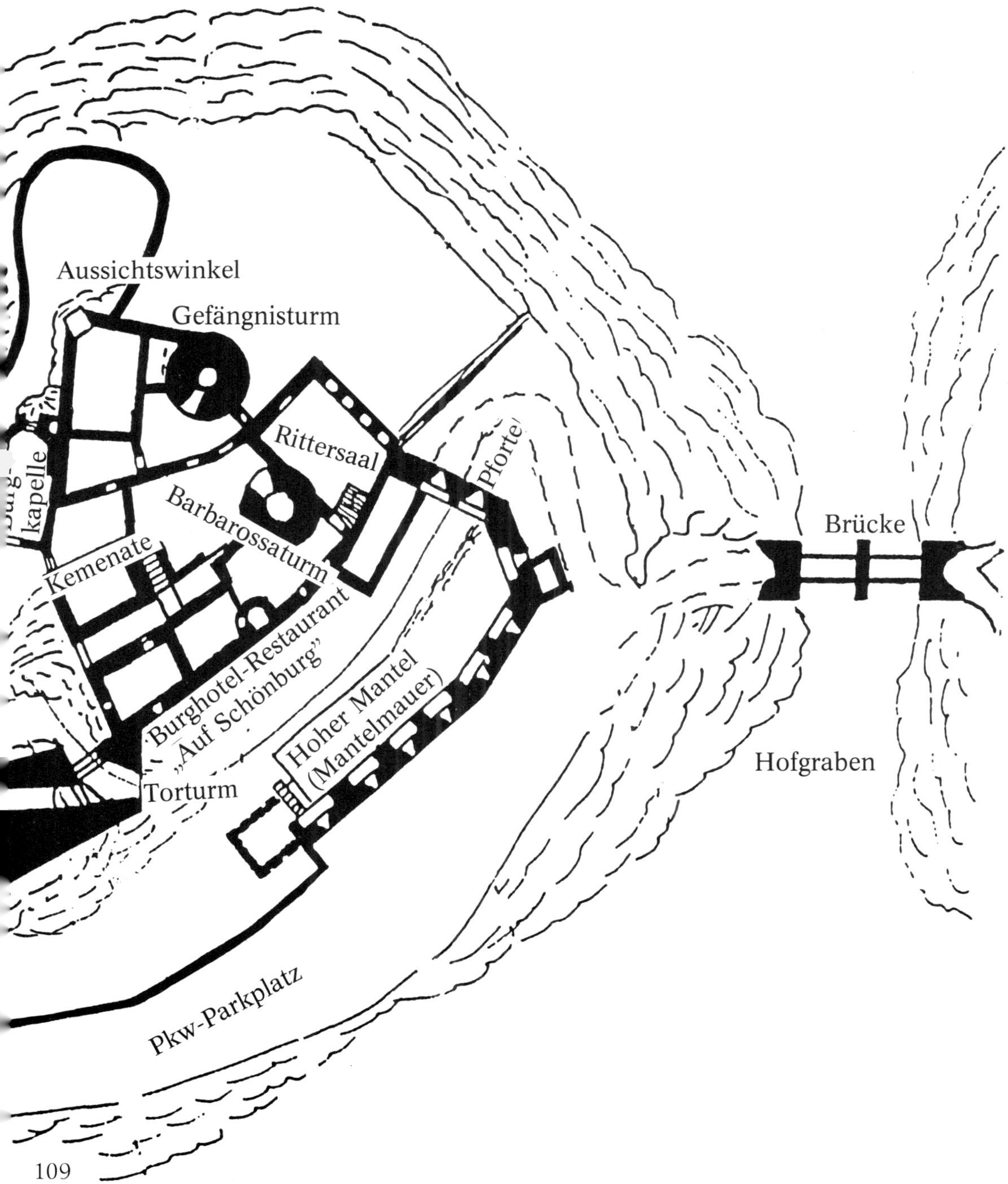
Aussichtswinkel
Gefängnisturm
Rittersaal
Pforte
kapelle
Barbarossaturm
Kemenate
Burghotel-Restaurant
„Auf Schönburg"
Hoher Mantel
(Mantelmauer)
Torturm
Brücke
Hofgraben
Pkw-Parkplatz

Der südliche Teil der Burg wurde zum Burghotel-Restaurant „Auf Schönburg" ausgebaut.

Das Bild zeigt den sogenannten *Rittersaal* im Jahr 1952, bevor er 1983 saniert und wieder mit einem Dach versehen wurde.

Rechts die an den Südbau anschließende *Mantelmauer* aus der ersten Hälfte des 14. Jahrhunderts.

Die *Burgkapelle* ist eine Schöpfung des 19. Jahrhunderts auf alten Grundmauern. Sie wurde nach 1981 grundlegend renoviert. Hinter ihr erkennt man den *Gefängnisturm,* einen der drei Bergfriede der Schönburg, rechts die früheren Kemenaten (heute Burghotel).

Zusammen mit dem schon zur Gründungsanlage gehörenden hohen Torturm (dendrochronologisch datiert zwischen 1141 und 1161) war die Schönburg spätestens seit der Mitte des 13. Jahrhunderts mit vier Türmen gut gesichert. Den Gefängnisturm, der im Innern zwei aufwendige Gewölbe hat, muß man sich noch etwas höher und mit einem Kegeldach vorstellen, ähnlich dem 1983 restaurierten westlichen Bergfried, dem sogenannten *Barbarossaturm,* dessen Gewölbe beim Einbau eines Personenaufzugs zerstört wurden.

Literaturverzeichnis

Back, Friedrich: Werke der Plastik und Malerei in Oberwesel. Siehe: Oberwesel eine mittelalterliche Rheinstadt, S. 64–81.

Bellm, Richard: Der Goldaltar der Liebfrauenkirche in Oberwesel. O. O. u. J. (ca. 1965).

Bock, F.: Rheinlands Baudenkmale des Mittelalters. Die ehemalige Stiftskirche Unserer lieben Frau zu Oberwesel. Köln und Neuß, o. J. (ca. 1870).

Bornheim gen. Schilling, Werner: Oberwesel. Rheinische Kunststätten. Hrsg. v. Rheinischen Verein für Denkmalpflege und Landschaftsschutz. Düsseldorf 1955, Neuss 1989.

Bungart, Peter: Liebfrauendom in Oberwesel. Führer durch den Liebfrauendom. Oberwesel, o. J. (mehrere Auflagen zwischen 1960 und 1980).

Campignier, Stefan: Ein Rundgang durch die Stadt Oberwesel am Rhein und die Schönburg. Geschichte/Entwicklung/Kunstdenkmäler. Oberwesel, o. J. (ca. 1932–39).

Castor, Julius: Oberwesel – Bilder und Erinnerungen. Aus der Schriftenreihe der Loreley-Galerie. Bd. 2. Oberwesel 1986.

Dehio, Georg: Handbuch der deutschen Kunstdenkmäler. Rheinland-Pfalz, Saarland. Hrsg. v. Ernst Gall, bearb. v. Hans Caspary u. a. München und Berlin 1984 (2. Aufl.).

Ebhardt, Bodo: Oberwesel und die Schönburg am Rhein. In: Der Burgwart, IV. Jg., Nr. 10, S. 81–83. Braubach 1903.

Everz, Joh.: Geschichte und Legende der Schönburg bei Oberwesel am Rhein. Oberwesel, o. J.

Felke, Günter: Die Goldprägungen der rheinischen Kurfürsten 1346–1478. Mainz, Trier, Köln, Pfalz. Köln 1989.

Frein, Kurt und Jan Meißner: Burgen am Rhein. Hamburg (HB-Bildatlas) 1983.

Goerz, Adam: Mittelrheinische Regesten, oder chronologische Zusammenstellung des Quellenmaterials für die Geschichte der Territorien der beiden Regierungsbezirke Coblenz und Trier in kurzen Auszügen. Bd. 1–4. Koblenz 1876–1886.

Hausknecht, Josef: Oberwesel in alten Ansichten. Zaltbommel 1985.

Hausknecht, Josef: Oberwesel am Rhein – Blicke in vergangene Zeiten. Aus der Schriftenreihe der Loreley-Galerie. Bd. 3. Oberwesel 1988.

Heinzelmann, Josef: Anregungen und Randbemerkungen zum Tourismus am Mittelrhein. In: Heimat Oberwesel. Hrsg. v. d. Arbeitsgemeinschaft für Landschafts- und Umweltschutz und für Denkmalpflege in der Stadt Oberwesel, Heft 1, S. 1–16. Oberwesel 1987.

Heinzelmann, Josef: 2000 Jahre Oberwesel. In: Heimat Oberwesel, Heft 2, S. 1–22. Oberwesel 1988.

Heyen, Franz-Josef (Hrsg.): Zwischen Rhein und Mosel. Der Kreis St. Goar. Boppard 1966.

Hirschfeld, Bruno: Die Schönburg bei Oberwesel. Siehe: Oberwesel eine mittelalterliche Rheinstadt, S. 82–91.

Kaleschke, Gero: Die Orgeln der Liebfrauenkirche zu Oberwesel. Oberwesel 1980.

Kreuzberg, P. J.: Der Kreis St. Goar. St. Goar 1925.

Lehfeldt, Paul: Die Bau- und Kunstdenkmäler des Regierungsbezirks Coblenz. Düsseldorf 1886.

Link, Karl-Heinz: Loreleygeflüster. Darmstadt, o. J. (1976).

Link, Karl-Heinz: Johannes Ruchrat – Rebell von Oberwesel. Darmstadt 1977.

Lux, Hanns Maria: Oberwesel, die Stadt der Türme und des Weines. Oberwesel 1969.

Müllenbach, Carl: Oberwesel. In: Der Kreis St. Goar. Ein Heimatbuch, S. 51–61. St. Goar 1925.

Oberwesel eine mittelalterliche Rheinstadt. In: Zeitschrift des Rheinischen Vereins für Denkmalpflege und Heimatschutz, 16. Jg., Heft 1–3. Düsseldorf 1922.

Pauly, Ferdinand: Die Stifte St. Severus in Boppard, St. Goar in St. Goar, Liebfrauen in Oberwesel, St. Martin in Oberwesel. Berlin 1980.

Rave, Paul Ortwin: Oberwesels kirchliche Baukunst. Siehe: Oberwesel eine mittelalterliche Rheinstadt, S. 45–63.

Renard, Edmund: Die Oberweseler Stadtbefestigung. Siehe: Oberwesel eine mittelalterliche Rheinstadt, S. 33–44.

Richter, Paul: Die Stadt Oberwesel im Mittelalter. Siehe: Oberwesel eine mittelalterliche Rheinstadt, S. 7–32.

Schmidt, Aloys: Geschichte der Stadt Oberwesel. In: Heyen 1966, S. 451–472.

650 Jahre Liebfrauenkirche Oberwesel. Hrsg. v. katholischen Pfarramt Oberwesel. Oberwesel 1981.

Stramberg, Christian v.: Denkwürdiger und nützlicher Rheinischer Antiquarius. II. Abteil. a. Bd. 7 u. 8. Coblenz 1858/59.

Vuy, Theodor: Geschichte des Trechirgaues und von Oberwesel. Mit einer Karte, 16 Holzstichen und einem Urkunden-Anhang. Leipzig 1885. Nachdruck Meisenheim 1980.

Weiler, August: Die Bündnisse der Grafen von Katzenelnbogen (Rheinfels/ St. Goar) mit der reichsfreien Stadt Oberwesel. In: Hansen-Blatt Nr. 41, S. 119–127. St. Goar 1988.

Wildemann, Theodor: Oberweseler Profanbauten. Siehe: Oberwesel eine mittelalterliche Rheinstadt, S. 92–98.

In diesem kurzgefaßten Stadtführer kann natürlich nicht jedes Kunst- und Baudenkmal ausführlich beschrieben sein.

Haben Sie Ergänzungsvorschläge zu diesem Stadtführer, wenden Sie sich bitte möglichst schriftlich an den Verlag Loreley-Galerie, Wilhelm Hermann, Liebfrauenstr. 39–41, 6532 Oberwesel. Wir werden Anregungen bei der Redaktionsarbeit zur zweiten Auflage berücksichtigen.

Heimat Oberwesel

Arbeitsgemeinschaft für Landschafts- und Umweltschutz und für Denkmalpflege in der Stadt Oberwesel/Rhein

Der Verein unterstützt die Arbeit der staatlichen und kirchlichen Denkmalpflege im Sinne des Landesgesetzes zum Schutz und zur Pflege der Kulturdenkmäler in Rheinland-Pfalz (DSchPflG) sowie der zuständigen Behörden für die Durchführung der Bundes- und Landesgesetze des Natur- und Umweltschutzes sowohl durch Einflußnahme auf die Gestaltung der heimatlichen Umwelt als auch durch die Bemühung um ihre Bewahrung.

Der Verein arbeitet überkonfessionell, überparteilich und überregional. Sein Publikationsorgan ist die Schriftenreihe „Heimat Oberwesel", deren Hefte in unregelmäßigen Abständen erscheinen (bisher erschienen sind Heft 1/1987 und Heft 2/1988).

Mitglied kann jeder werden, der sich zu den Grundsätzen des Vereins bekennt. Anträge auf Mitgliedschaft nimmt der Vorsitzende Edmund Lahnert, Chablis-Straße 36, 6532 Oberwesel, Telefon 0 67 44 / 10 73, entgegen.

Das Vereinslokal ist das Bäckerei-Museum, Münzgasse, in 6532 Oberwesel.

Heimatbücher von Mittelrhein, Hunsrück und Taunus

Bisher in der Schriftenreihe der Loreley-Galerie erschienen:

Band 1: Gerhard Bürger – **Im Zauber der Loreley**
21 x 15 cm, 64 Seiten, 2 Abbildungen, geheftet, 5.80 DM,
ISBN-Nr. 3-926 888-01-6.

Band 2: Julius Castor – **Oberwesel – Bilder und Erinnerungen** – 21,5 x 20 cm, 60 Seiten, 20 Abbildungen, Fadenheftung, farbiger fester Efalin-Einband, 19.80 DM,
ISBN-Nr. 3-926 888-02-4.

Band 3: Josef Hausknecht – **Oberwesel am Rhein – Blicke in vergangene Zeiten** –
21,5 x 20 cm, 208 Seiten, 128 Fotos, 25 Abbildungen, Fadenheftung, farbiger abwaschbarer fester Kunststoff-Polylein-Einband, 39.80 DM,
ISBN-Nr. 3-926 888-03-2.

Band 4: Horst V. Eisenhuth – **Die Chronik der Gemeinde Münster-Sarmsheim** –
21 x 29,7 cm, 304 Seiten, 212 Fotos, 75 Abbildungen, Fadenheftung, farbiger abwaschbarer fester Kunststoff-Polylein-Einband, 49.80 DM,
ISBN-Nr. 3-926 888-04-0.

Band 5: Friederike Schikora – **Stadtführer Bacharach** – 10,5 x 20 cm, 68 Seiten, 36 Abbildungen und Fotos, geheftet, farbiger abwaschbarer Kunststoff-Polylein-Einband, 5.80 DM,
ISBN-Nr. 3-926 888-05-9.

In Vorbereitung:

Band 6: Neugebauer/Panzel/Schwarz – **St. Goar – es war einmal –**

Band 7: Hausknecht/Horn/Monschauer – **Schulen und Schuljahrgänge in Oberwesel –**

Außerdem im Verlag Loreley-Galerie erschienen:

Allroggen-Bedel/Rheingans/Ruppert/Seibert – **Der Rhein-Lahn-Kreis** – Landschaft, Geschichte, Kultur unserer Heimat – 17,5 x 24,5 cm, 384 Seiten, 129 Abbildungen und Fotos, Fadenheftung, farbiger abwaschbarer fester Kunststoff-Polylein-Folieneinband, 1. Auflage vergriffen, überarbeitete 2. Auflage erscheint in Kürze,
ISBN-Nr. 3-926 888-00-8.

Richard Kapp – **Zwischen Struth und Hochwald** – Aus der Heimatgeschichte von Wiebelsheim –
15 x 21 cm, 168 Seiten, 44 Abbildungen und Fotos, Paperback, lackierter Karton-Umschlag, 22,80 DM,
ISBN-Nr. 3-926 888-90-3.

Dilich/Michaelis – **Burg Rheinfels bei St. Goar am Rhein** – Großformat 30 x 40 cm, 12 Seiten, 25 Abbildungen nach Holzstichen, 135 g/qm Samtoffsetpapier hfr. weiß, geheftet, 10,– DM,
ISBN-Nr. 3-926 888-91-1.

Stand der Preise: November 1992

Verlag Loreley-Galerie, Wilhelm Hermann,
6532 Oberwesel am Rhein, Liebfrauenstr. 41,
Telefon 0 67 44 / 70 41, Telefax 0 67 44 /70 61.